大江英樹
Oe Hideki

いつからでも始められる

一生お金で困らない
人生の過ごしかた

Free yourself from money worries and live a happy life.

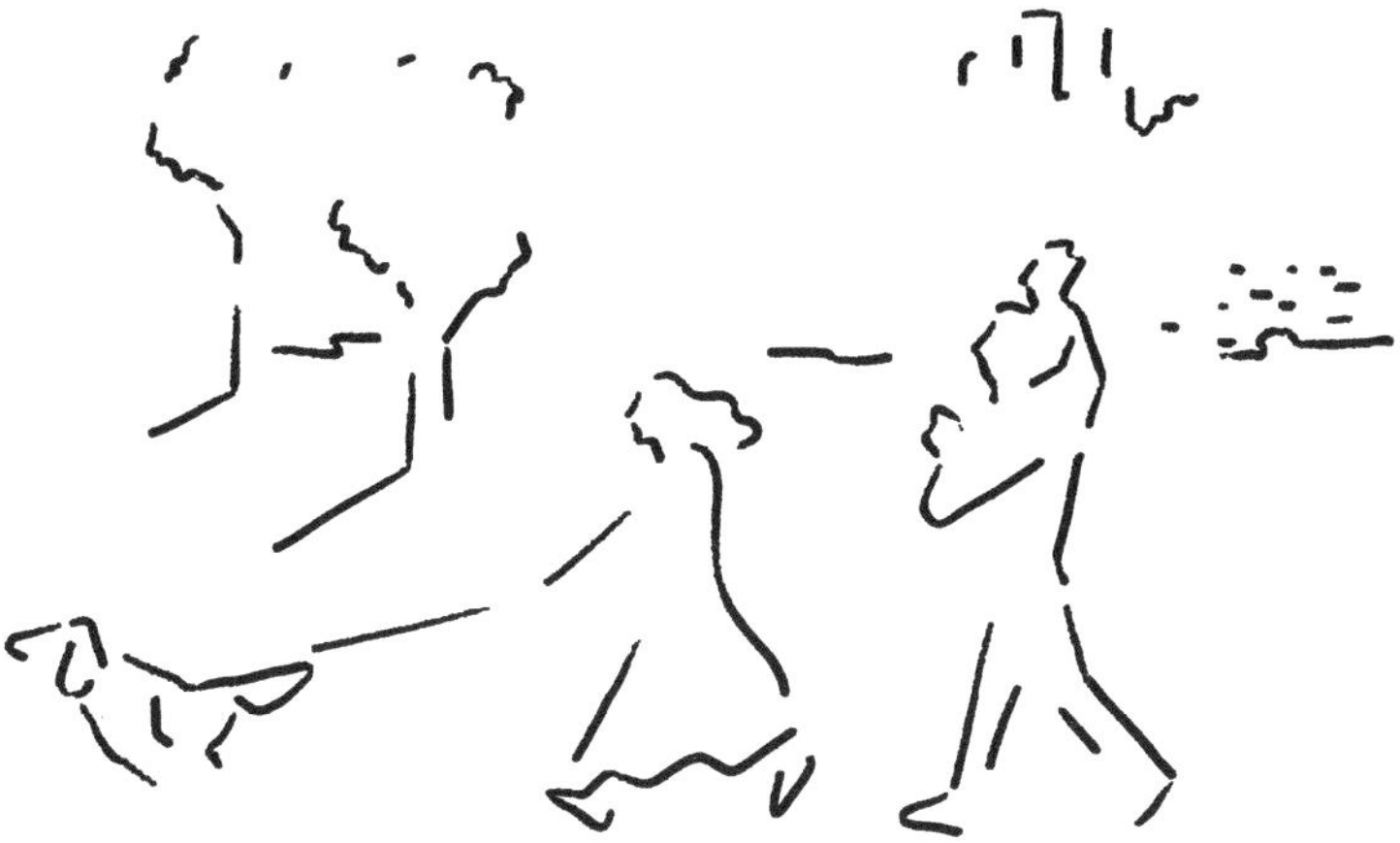

すばる舎

はじめに

お金というのはとても大切なものです。と同時に、多くの人がお金で苦労をしています。これは「お金持ちになったら苦労しない」ということではありません。お金というものが大切であると同時に、とても厄介な面を持っているために、お金持ちも貧しい人も、内容は違えど、それなりにお金で苦労していることがあるのです。

結果として誰もが「お金」で困り、「お金」に振り回されることがよく起こります。

本書は「どうすれば儲かるか?」とか「どうやれば資産作りができるか?」を書いた本ではありません。「人生において、お金で困らないようにするために、お金についてどう考えれば良いか」を書いた本です。あえて「お金に困らない」のではなく、「お金で困らない」ようにするための内容を書いています。

言い換えれば、本質的にお金との付き合いかたはどうすれば良いかということであり、大げさに言えば、お金に対する「思想」を著しています。

物事が成就するためにはまず「思想」があり、それに基づいて「戦略」を立て、それに沿った「戦術」を考えることが重要です。

ところが戦略や戦術は人によってかなり変わります。なぜなら、職業や家族構成、その人の性格によって、どんな具体策を取るかは人それぞれだからです。

でもお金に対する「思想」の部分は、かなり普遍的なものではないかと私は考えています。だからこそ、自分で戦略や戦術を考える前の段階として本書を書いてみたのです。

『ドラゴン桜』や『アルキメデスの大戦』などの人気漫画で知られる三田紀房《みたのりふさ》さんの作品に『インベスターZ』という漫画があります。この漫画は投資にまつわる本質を実に見事に描いた作品で、投資初心者の人もベテランの人も、これを読むと多くの気付きがあります。そんな『インベスターZ』の中に出てくるセリフで私の大好きなものがあります。それは「**たかが金だ**」というセリフです。これは実に見事なセリフです。これ以上短い言葉でお金の本質を表したものはない、と言っても良いでしょう。

そう、「たかが金」なのです。でもこう言うと「そんなのは綺麗事だ」とか「お金に困ったことがないからそんなことが言えるのだ」と言う人がいるでしょうが、それは違います。私自身、サラリーマン時代にちょっとしたトラブルに巻き込まれてしまったために、非常にお金に困った時期はありましたが、「所詮はお金の問題だ。命までなくなるわけではない」と思い、乗り切ることができました。

したがって現在、お金があろうがなかろうが、それはあまり関係ありません。でも「たかが金だ」と思えないからお金に振り回されてしまい、いつまでも「お金で困る」ということになってしまうのです。本書の中にも出てきますが、お金に執着し過ぎてしまうと、逆にお金は増えないし、いつもお金で困ることになってしまいます。

先ほど、お金に関して、「思想」⇩「戦略」⇩「戦術」というお話をしましたが、別な観点から見ると、お金に関して必要なのは「知識」と「知恵」です。本書が特に重視したのはその中でも「知恵」の部分です。なぜなら知識については実にさまざまな本や情報がありますから、いつでも身に付けることができます。

でも「知恵」は最初に身に付けておかないと、いくら知識があっても間違った判断をしかねません。ある程度年配になった人でも、この「知恵」を持っていないためにお金で困っている人はたくさんいます。

かく言う私も現役のサラリーマン時代、金融機関に勤めていましたので知識はあるものの、お金に関する「知恵」は、今から考えるとあまり持っていなかったということを会社を辞めてみて実感しました。

会社を定年になって自分で事業を始めてから、ようやくお金の本質とかお金に関する基本観を理解できたような気がします。つまり、60歳を過ぎてから、お金の知恵をようやく身に付けることができたのです。ですから、いくつになっても決して遅すぎるわけではなく、お金の知恵を学ぶことは十分価値のあることだと思います。


本書は6章から成りますが、前半の3章は基本的なお金に対する考えかた、「知恵」の部分にフォーカスして書いています。

後半の三つの章は比較的具体論で書いていますが、具体論とは言っても、「そのとおりにすれば良い」とか、「こうすればうまくいく」ということを意図して書いたわけではありません。あくまでも考えかたや、考えるプロセスの手順について書いているだけです。

世の中には「このとおりやれば大丈夫」的な本が多いのですが、私の経験から言えばそういう類いの本はたいがいあまり役に立ちません。なぜなら、まさに戦略と戦術は人によって違うからです。

したがって第4章以降は戦略と戦術のモデル、および武器の取り扱い説明を書いてあるだけで、実際にそのとおりにやるか、その武器を使うかどうかは、読んだあなた自身が考えて決めるべきです。ノウハウではなく、あくまでもお金に関して、自分で考えるヒントにするということで本書を利用していただければと思います。

さあ、ではお金で困らないための知恵を探す旅に出かけることにしましょう。

大江 英樹

目次

第2章

お金に関してやってはいけないこと

第3章 不確実な未来にどう備えるべきか

第4章 自分の年代でやっておくべきことは？

第5章 老後資産作り、私の場合は？

第1章

これだけは知っておくべき！お金の大原則

①

人生において
お金はそれほど心配することではない

「老後が不安」な理由

多くの人は老後に対して不安を持っています。恐らく老後に不安を感じない人はあまりいないでしょう。

では一体何が不安なのか？　理由はさまざまですが、誰にも共通するのは「お金」です。一般的に老後の三大不安と言われるのが「健康」「お金」「孤独」ですが、このうち、健康についての不安はある程度の年齢になってから出てくる不安です。なぜなら若いうちは元気ですから、それほど健康には気を遣わないもので、だいたい50代ぐらいになり、身体のあちこちに悪い部位が出てくる頃からこの不安は大きくなります。

さらに「孤独」を感じる人は少なく、自分が実際に〝老後〟と言われる年齢になってから、もっと具体的に言うと、定年退職した後に初めて実感する人が多いのです。

結局、人間は自分がその状況に直面しないと、なかなか問題を実感できるものではないことがよくわかります。

ところが「お金」に対する不安は全世代的にあります。しかもこれは老後の生活に対してだけでなく、どの年代でもお金の不安は感じているのです。

だからと言って誰もが常にお金に困っていたり、生活できなかったりするわけではありませんが、お金の不安は消えません。

この理由はどうしてなのでしょう？　私は二つの理由があると思っています。

まず最初の理由は、「先のことがわからない」という不安です。

例えば、サラリーマンであれば「今は働いて給料をもらっているけど、会社の業績が悪化してリストラになってしまったらどうなるだろう？」とか、「現役時代はともかく、定年になったら年金だけで生活できるのだろうか?・」という不安です。

特に老後の不安が最も大きい理由は、誰にとっても経験したことがない未知の世界だからです。だって現役の人で「かつて私は一度75歳だったことがある」という人は一人もいません。誰もがこれから行く世界なのです。「人間にとって最大の不安とは『わからないことに対する不安』である」というのは不変の真実でしょう。

そんな先のことがわからない不安を、マスコミや金融機関はおおいに煽《あお》ります。これがお金に対する不安の二つ目の理由です。

では、なぜ彼らは「老後不安」を煽るのでしょうか? 答えは簡単です。「老後不安」は彼らにとって大きな〝商材〟だからです。

報道において、楽しいことや安心できることは、なかなかニュースになりません。当たり前のこともニュースバリューは低いものです。よく言われるように「犬が人を噛《か》んでもニュースにはならないが、人が犬を噛んだらニュースになる」のです。

事故や犯罪、問題点や不安こそがよく読まれる記事になります。だからマスコミが不安を煽るような報道になるのは、ある意味当然なのです。

金融機関の場合はもっとわかりやすい構図です。老後が不安だからこそ、彼らが販売する金融商品、例えば、保険や投資信託等が売れるからです。

彼らにとっては年金が破綻してくれないと困るのです（彼らの期待には添えませんが、年金は破綻しません）。そんな金融機関の不安煽り型営業に惑わされて、変な金融商品を買ってしまうほうが、よほど老後不安につながりかねません。

後ほど少し詳しくお話をしますが、普通に生活していれば、それほど老後のお金の不安は大きいわけではありません。むしろ変な投資商品を勧誘されて、それにお金を投じて損をすることのほうが、はるかに私は心配です。

だからと言って、マスコミや金融機関を責めてみても仕方ありません。彼らは自分達の仕事を忠実にこなしているだけだからです。

マスコミで言えば、読者を増やすことや視聴率を上げることですし、金融機関であれば、より多くの金融商品を販売して利益を拡大することが彼らの役割です。

普通の営利企業ですから、多くの利益を挙げて株主に報いなければなりません。虚偽の表示や不適切な勧誘といった法律違反でなければ、彼らを一方的に責めても仕方ないでしょう。

大事なことは、われわれがしっかりと勉強して、自分の頭で考えて判断する能力を持つことです。マスコミの報道にしても金融機関の姿勢にしても中立ではなく、老後不安を煽《あお》るバイアスの存在を知っておくことが大切でしょう。

「悲惨な老後」の実態は？

では、メディアが報じるような悲惨な老後というのは、実際にどうなのでしょうか？ここでみなさんに質問ですが、みなさんの周りに生活保護を受けておられる人はどれぐらいいますか？　あるいは生活保護すら受けられなくて路上生活をしている人をどれぐらい見かけますか？

メディアが報じる「悲惨な老後」を過ごす人は、そういう人をイメージしていますし、実際にテレビのドキュメンタリーでもそんな人を取り上げています。

でも本当にわれわれの行く先に悲惨な老後が待っているのだとしたら、もっと私達の周りでそういう人を見かけるはずです。メディアが取り上げるほど、世の中には悲惨な老後を過ごしている人は多くないのではないかという気がするのです。

印象や思い込みではなく、実際の数字で見てみることにしましょう。

厚生労働省が発表している「被保護者調査」というデータがあります。これは全国で生活保護を受けている人の実態調査をまとめたものです。

令和2年の3月4日に発表された平成30年度の確定値（＊1）を見てみると、全国で生活保護を受けている人数は約210万人弱で、これは日本の人口の1・66％になります。この数字は過去4年連続で減少し、前年に比べても約2万8千人減っています。マスコミの報道では生活保護を受ける人が増え続けているような印象がありますが、実際の数字をたどってみると決してそうではありません。

一方、金額で見ると、社会保障給付費は2020年度の予算ベースで見ると全体で約126兆円ですが、このうち生活保護給付に充てられるのは約3兆8千億円です。この金額の7割程度は医療・介護、住宅等に充てられており、生活扶助に回っているのは1兆2千億円ぐらいです。（＊2）つまり、人数で見ても社会保障支出に占める金額で見ても、せいぜい1％程度でしかないのです。したがって「老後難民」とか「老後貧乏」という文言で、いかにも世の中の多くの老人が貧困に陥っているという印象操作は、実態とは少し違うのではないかと思っています。

＊1
生活保護の被保護者調査（平成30年度確定値）の結果
https://www.mhlw.go.jp/toukei/saikin/hw/hihogosya/m2019/dl/h30gaiyo.pdf
＊2
「生活保護制度の概要について」（平成31年3月18日　厚生労働省）
https://www.mhlw.go.jp/content/12002000/000488808.pdf

図1　年代別生活保護受給率

年代	生活保護受給率
20代	0.43%
30代	0.69%
40代	1.13%
50代	1.66%
60代	2.54%
70代	3.18%
80歳～	2.71%

出典：厚生労働省 被保護者調査（平成30年7月31日現在）
　　総務省 人口推計（平成30年10月1日現在）

　では、なぜそういう印象が強調されるのでしょうか。先ほどの被保護者調査をもう少し詳しく見てみると、年代別には少し違いが出てきているのがわかります。

　図1は年代別の生活保護受給率を表した表ですが、前述の平均1・66％に対して、60代が2・54％、70代は3・18％と高くなっています。

「ほらごらん、やっぱり悲惨な高齢者は多いじゃないか」と思われるかもしれませんが、せいぜい1～2％の違いです。それにこの数字に表される高齢で生活保護を受けている方々には明らかな特徴があると私は考えています。

　その特徴とは一体何でしょう？

なぜ生活保護になってしまうのか

私の知人の中に、ＮＰＯ法人で生活保護を受けている人の自立を支援する活動をしている人がいます。彼女に話を聞くと、歳を取って生活保護を受ける人のほとんどは元自営業だと言います。これがその特徴だと思います。

恐らく自営業だけではなく、いわゆるフリーランスの人や、非正規で働く人なども
そういう可能性のある人でしょう。この方達に共通することは「厚生年金に加入していない」ということです。サラリーマンは正社員であれば、誰でも必ず厚生年金に入っていますが、そうでない場合は加入していない人が多いのです。厚生年金に加入しているかどうかは、老後に受給する年金額で大きな差が出てきます。

厚生労働省が発表している標準的な年金額によれば、厚生年金の場合、月額およそ15・5万円となりますが、国民年金だけだと6・5万円程度です。妻が専業主婦であるサラリーマンの場合なら夫婦二人でおよそ22万円になります。

私自身、サラリーマンで定年退職した身ですが、生活費は夫婦二人だけなら22万円

ぐらいで十分生活できていますので、この金額は、決して食べていけない額ではありません。ところが、国民年金だけで6・5万円しか受給できないと、これは苦しいでしょう。

どうしてこんなに差があるのかというと、サラリーマンは定年があるのに対して、自営業はいつまでも働くことができるからです。ただし、定年がないと言っても身体を壊してしまうと働けなくなります。必然的に自営業者の人は十分な蓄えを持っていないと、将来の不安は大きくなります。

これに加えて、自営業や非正規社員の方の中には「年金保険料」を払っていない人もいます。これが決定的に将来の貧困を招いてしまうのです。

公的年金の本質は「将来、歳を取って働けなくなった時の生活を保障する」、言わば保険なのです。したがって保険料を払っておかないと、年金を受取ることはできません。これもマスコミや金融機関が「年金不安」を煽《あお》ることによって、保険料を払わない理由になっているのではないかと思います。この問題については、のちほど第2章で詳しくお話しします。

このように考えてみると、将来の貧困を最も心配しなければならないのは、自営業やフリーランス、そして勤めていても非正規雇用で厚生年金に入れない人達です。

　ところが令和2年5月29日に成立した年金改革法（年金制度の機能強化のための国民年金法等の一部を改正する法律）によって、従来は厚生年金に入れなかった非正規の人達も一部は加入できるようになります。このように厚生年金は加入者を拡大していこうという方向ですので、高齢期の生活については、より安心できるようになると思います。

　今は、就労者のうち雇用者が89・1％、すなわち働いている人の9割はサラリーマンです。したがって、本書の読者も多くはサラリーマンだろうと思います。正社員として会社に勤めている人であれば、老後の生活について経済面での極端な不安を持つ必要はありません。働いて普通に生活していれば、それほど問題はないと言っても良いでしょう。ただし、いくつかの「やってはいけない」ことがあります。これに気を付けないと、サラリーマンといえども老後のお金の不安が出てきます。ではどういうところに気を付けるべきなのかについては第2章で詳しくお話しします。

　いずれにしてもお金に関しては、わからないまま不安を感じるのではなく、本質的なことをしっかりと理解した上で、注意すべきこと、やってはいけないことをきちんと知っておくことが大切だと言えるでしょう。

②

お金を生み出す、たった二つの方法

「人的資本」と「金融資本」

資産を作るための方法には実にさまざまなやりかたがありますが、突き詰めていくとたった二つしかありません。それは「自分で働いて稼ぐこと」と「自分の資産がお金を稼いでくれること」です。

一般的に前者を「人的資本」、後者は「金融資本」と呼ばれています。

資本というのは、「お金を生み出す元手」という意味ですから、人が働いて稼ぐ力のことを「人的資本」と表現します。働いて稼ぐことは、お金を生み出すための最も基本と言って良いでしょう。一生働かなくても食べていけるなどという人は滅多にいないからです。

これに対して「自分の資産がお金を稼いでくれる」というのは、どういうことでしょうか？

例えば、預貯金、有価証券、不動産といった資産は金額の多少はありますが、いずれもお金を生み出してくれます。

預貯金の場合、今や利息はほとんどゼロに近いですが、全くないわけではありません。有価証券であれば値上がり益や配当・分配金などが見込めます。ただ、こちらは預貯金と違って確実ではありません。でも不確実だからこそ、場合によっては大きな利益が見込めるのです。

不動産も同様です。不動産を所有するのは、その土地を活用して収益を生み出す、例えば家やマンションを建てて貸すことで家賃収入が入ってくるといったことです。二次的には所有する物件の価格が上昇して利益になる場合もあります。

サラリーマンの場合は、稼いだ給料をやりくりしてしっかり貯めるという方法もありますが、それは、人的資本で稼いだ結果生まれたお金を使ってしまわず、金融資本に変換していることに他なりません。同じく退職金や年金も一定の年数経過後に受取れる資産なので、金融資本の一つと考えて良いでしょう。

いずれにしてもお金を生み出す方法はこの二つ以外にはないのです。

学校を卒業して社会に出た時点では普通、金融資本はほとんどありません。でも、そこから少なくとも30~40年ぐらいは働けるわけですから人的資本は豊富に持っています。年齢を重ねると同時に残りの働ける年数は少なくなりますから人的資本は減りますが、その代わり貯蓄などの金融資産が増えることで金融資本は増えていきます。

若いうちは人的資本が8~9割だったものが、高齢になるにしたがって逆に金融資本が8~9割になるのが自然な流れです。完全に仕事をリタイアしてしまうと人的資本はゼロになります。

大事なことは、これらのバランスを考えることです。仮に定年近くになっても金融資本がほとんどないのであれば、60歳以降も人的資本を使って稼ぐことが必要になります。

ただ、60歳時点で貯金がほとんどないとしても、その人の金融資本がゼロというわけではありません。なぜなら少なくとも公的年金は死ぬまで支給されますし、会社によっては退職金や企業年金もあるからです。

人生におけるお金の基本は「WPP」

「人的資本と金融資本のバランスを考えることが大事だ」と言いましたが、私は老後に向けた準備を考える上で、大事なことは「WPP」というキーワードだと思っています。この言葉は今から2年程前に「日本年金学会」において、当時りそな銀行で年金の業務を担当していた谷内陽一氏（現在は第一生命保険株式会社）が提唱した言葉で、その後、慶應義塾大学の権丈善一教授がさまざまなメディア等で使われたことでよく知られるようになりました。

WPPというのはある言葉の頭文字を集めたものです。最初のWが「Work longer」つまり「長く働く」ということです。次のPは「Public pension」すなわち「公的年金」です。最後のPは「Private pension」これは企業年金や個人年金といった私的年金を表します。老後に向けた備えで大切な順番に書かれていると理解してください。

ここでも一番大事なのは「長く働く」、すなわち人的資本を使って稼ぐことです。

現在、多くの会社では定年が60歳ですが、かつて定年は55歳だった時代が長く続きました。その当時の男性の平均寿命は65歳ぐらいです。つまり定年になった後の余生は10年程度、その期間を年金で生活するという時代だったわけです。

ところが今や男性の平均寿命は81歳を超えています。だとすれば60歳での引退は早過ぎます。事実、２０１２年には「高年齢者雇用安定法」が改正され、65歳までの就業機会の確保が定められましたし、先頃、２０２０年3月には同じ法律が改正され、70歳までの就労機会を提供することが事業主にとっての努力義務となりました。

確かに平均寿命が65歳当時の定年が55歳であったことを考えると、平均寿命81歳の現在は、70歳まで働くのも不自然ではありません。身体が元気であれば、できるだけ長く働くということがまず最も大事なことでしょう。

二番目の公的年金は、後ほど少し詳しく説明しますが、終身給付、すなわち死ぬまで受給することができます。この安心感は非常に大きいと思います。

野球に喩えれば、「W：長く働く」のが先発完投型ピッチャーだとすれば、「P：公的年金」は試合終了まで投げきってくれる頼りになるリリーフピッチャーです。

とは言え、公的年金がリリーフに立てるのは原則65歳から、もし60歳でリタイアするならそれまでのつなぎが必要ですし、投手陣は充実しているほうが安心です。

そこで出てくるのが中継ぎピッチャー、すなわちもう一つのＰ：私的年金であり、企業年金や退職金、さらには自分で積み立てた資産がこれにあたります。

自分で貯蓄や投資をするのは大事なことですが、優先順位は必ずしも一番というわけではありません。ＷＰＰという考えかたは理解しておいたほうが良いと思います。

サラリーマンの年金受取総額は６０００万円を超える

結局、どこまで行っても、最も大切な基本は人的資本、つまり働いて稼ぐ部分をいかに大きくするかということでしょう。

もちろん金融資本、つまり投資で収益を上げるということも大事ですが、こちらは不確実なものです。生活に必要なお金を投資の成果に頼るというのはあまりお勧めできません。投資をするのであれば、当面使う予定のないお金、そのお金がなくても生活には支障のない金額の範囲内でやるべきです。最近流行の言葉で言えば〝不要不急〟

な資金で投資はやるべきだと思います。あくまでも基本は「長く働く」ということです。

ところで、この長く働くということは、生活費を賄《まかな》うという役割に加えて、非常に大きな意味があります。それは公的年金との関係においての話です。

今まで「長く働くことが重要だ」とお話してきましたが、やはり人間には限度があります。生涯現役で働くことができればそれに越したことはないでしょうが、誰もがいつまでも働けるわけではありません。最後は金融資産に頼るしかないのです。

そしてその金融資産の最も大きなものが公的年金です。具体的な金額を見てみると、驚かれるかもしれません。

先に（↓027ページ）お話したように、令和2年度の公的年金のモデルとなる支給額は夫婦二人（一人は専業主婦という前提）で月額22万724円です（＊3）。したがって仮に90歳まで存命だとすると65歳からは25年間あります。その間の年金支給額の合計は電卓を叩くと簡単に出ますが、約6621万円となります。これが老後生活の一番土台となる部分です。

＊3
令和２年度の年金額改定
https://www.mhlw.go.jp/content/12502000/000588114.pdf

長く働くと年金だけで1億円近くにも…

公的年金は65歳から支給開始になるのはご存じだと思いますが、これは支給する側のことで、受取る側にとっての受給開始年齢は、必ずしも65歳である必要はありません。現在は60~70歳までの間、いつでも好きな時から受取り開始が可能です。

ただし、基本は65歳からなので、それよりも早く受取り始めると支給額は少し減り、逆に遅らせると支給額は増えます。

具体的に言えば、支給開始を65歳より遅らせる場合、1か月遅らせるごとに支給額は0・7%増えます。仮に年金受給開始時期を70歳まで5年間遅らせると、毎月の受給額は0・7×12か月×5年=42%増えることになります。

先ほどのモデル支給額約22万円が42%増えると31万円あまりになります。仮に、先ほどと同じく90歳まで存命だったとすれば、総受取額は約7522万円となり、受取る期間が25年よりも5年少ないとしても総額は900万円ほど増えることになります。もし、もう少し長生きして同じ25年間受取れば、その合計額は約9402万円となりますので、そうなると2800万円近く増えます。

これは、言ってみれば5年間受取りを我慢すれば、絶対確実に8・4％の利回りで運用できるのと同じことであり、受取り始めた後は永遠に42％増の年金が受取れるのです。

しかも2020年の5月に法律が改正となり、2022年4月1日からはその選択肢が70歳まででではなく、75歳まで拡大されます。仮に75歳まで繰り下げると84％増えることになりますから、毎月の年金額は40万円あまりとなりますので、年間では約487万円となります。

長く働くことの最大のメリットは「老後の安心感」

ただし、ここで大切なことは総受取額が多いか少ないかではありません。なぜなら総受取額は何歳まで生きるかによって全く違ってくるし、そもそも何歳まで生きるのかは誰にもわかりません。

それよりも大事なのは繰り下げをすると、本当に働けなくなった人生最後の時期に経済的に豊かな暮らしができるという安心感が得られることなのです。

年金に関してはややもすれば「何歳から受取り始めるのが得か？」といった議論が出がちですが、年金を損得で論じても意味はありません。年金の本質はどんなに長生きしても死ぬまで支給される終身の保険ですから、一番大切なのは「安心感」なのです。できるだけ長く働くことによって年金の受給開始を遅らせることができれば、その安心感が大きくなるということです。

現在は多くのサラリーマンの人は65歳まで働いていますが、これを70歳まで働くことで、年金の受給額が4割増しになるということであれば、そうするのが賢明ではないでしょうか。

私自身、執筆時現在68歳ですが、今でも働いているので年金は一円ももらっていません。ところが実際に年金を繰り下げて受給している人はわずか1～2％程度しかいません。これはとても残念な話です。

さすがに75歳まで受取らないという選択肢はないかもしれませんが、70歳まで働いて引退し、そこから4割以上増えた年金を受取って、ゆったりと暮らすというのは、決して悪い選択肢ではないと思います。

③ お金は「働いたご褒美《ほうび》」でも「我慢料」でもない

テレビを観ていて覚えた違和感

お金、もう少し具体的に言えば、「報酬」というものの本質は一体何なのでしょう？実はこれって普段あまり考えたことはないと思います。特にサラリーマンの場合、毎月決まった給料日には自動的にお金が振り込まれてきますから、普段の生活の中でそれが一体何か？とか、何の対価なのだろう？と考えることは、それほどないでしょう。

でも、お金とか報酬が持っている意味を正しく理解していないと、いずれどこかで間違えた判断をしてしまう可能性が出てきます。

そこで本節では、お金の本質について少し考えてみることにします。

もちろん、ここで言う「お金の意味」とは、経済学的な意味や金融論における定義ではありません。あくまでも普通の人間が生活をしていく上で、お金というものが持っている意味を考えましょうということです。

先日、テレビを観ていたら、番組名は忘れましたが、あるドキュメンタリーに出てきた人の言葉にとても違和感を覚えました。その人は「いいか、給料っていうのは働いたことに対するご褒美だと思ったら大きな間違いだ。給料は言わば〝我慢料〟だと思ったほうがいい」というのです。

でも、給料は「働いたご褒美」でもなければ「我慢料」でもありません。給料は労働に対する対価であることは事実です。しかしそれは正当な対価であるべきですから、ご褒美などという言葉で表わされるべきものではありません。かといって、「我慢料」というのもいささか皮肉に過ぎるでしょう。

ただ、その人が「我慢料」だと言いたかった気持ちはよくわかります。私もかつてサラリーマンだった時代にはそう考えていたことがあったからです。でも、これは申し訳ありませんが、典型的な「サラリーマン脳」であり、もっとひどい言葉で表現すれば、「社畜脳」と言っても良いでしょう。

私自身、定年まで37年間にわたってサラリーマンをやっていましたから、「サラリーマン脳」、「社畜脳」が本当に染みついていました。身も蓋もない言いかたをしてしまうと、サラリーマンというのは会社に自由を売り渡す代わりに身分の安定を買う職業です。イヤなことがあっても、自分の考えていることと違う方向に会社の方針が決まっても、自分の意思を殺して従わざるを得ない、そしてそのことに我慢せざるを得ない、だから給料が「我慢料」だというのはよく理解できます。しかしながら、そう考えてしまうと大きな間違いを犯す可能性があります。

報酬はリスクの対価

では給料とは一体何か？　それは「リスクの対価」なのです。給料に限らず報酬というものはすべて、リスクの見返りにあるものと言って良いでしょう。

しかしながら、この感覚は商売人であればともかく、サラリーマンをやっているとなかなか理解できません。特に投資をしたことがない人の場合、リスクというのは「損をすることだ」とか「危険を冒すこと」と思いがちです。

お金や資産運用の世界では、リスクとは「得られる損益の幅のこと」を言います。リスクが大きいというのは得られる損益の幅が大きいこと、すなわち「儲かる時は大きいけど損をする時も大きい」ということですし、リスクが小さいというのは「あまり損はしないけど、儲けもあまりない」ということなのです。

つまり、報酬（リターン）はリスクの対価であるということは、リスクを取らない限り、高い報酬（リターン）を得られないということです。

よく「リスクとリターンはトレードオフである」と言われることがありますが、これはわかりやすい言いかたをすると、「楽をしてお金を稼ぐことはできない」「世の中にうまい話はない」ということです。

高い報酬を得ることができるのは、困難な仕事にチャレンジして成功するからです。たとえサラリーマンであっても、そうやって難しい仕事を成功させていけば評価は上がりますし、昇格・昇給にもつながります。

ところが難しい仕事は失敗することもあります。失敗すれば評価は下がるかもしれません。逆に、それほど難しい仕事に取り組まなければ、失敗はない代わりに、たいした評価を得ることはできないでしょう。サラリーマンの仕事でもリスクとリターンの関係は生きているのです。

その昔、「恐怖の報酬」という映画がありました。南米の油田で起きた火災を消し止めるために安全装置のないトラックにニトログリセリンを乗せて山道を運んでいく。一つ間違えて、大きな衝撃を与えると荷台に積んだニトログリセリンが大爆発を起こす。そんな状況の中で2000ドルという高い報酬（1953年当時）を受取って油田まで運んでいく様《さま》を描いたサスペンス映画でした。

その中で、二人の主人公のうちの一人が「運転するのを俺ばかりに任せて、お前は何もしていない。何もせずに2000ドルを受取る気か！」と問い詰めたところ、もう一人の主人公がこう言いました。「この2000ドルは運転の報酬だけではない、恐怖に対する報酬でもあるのだ」このセリフこそが映画のタイトルなのですが、これはまさにリスクを取らない限り、リターンを得ることはできないという永遠の真実を表していると言って良いでしょう。

「世の中にうまい話はない」というのは誰もが知っている言葉ですし、「楽をしてお金を稼ぐことはできない」ということも誰もが認識しているはずです。にもかかわらず、金融詐欺のような事件が後を絶たないのはやはり、リスクとリターンの関係が腹の底からわかっていないからではないでしょうか。「ひょっとしたらどこかにうまい話があるのではないか？」という気持ちが頭の片隅にあるからでしょう。先ほど、「報酬の意味を間違えて理解していると、将来、お金で判断を下す時に間違えてしまうかもしれない」ということをお話したのは、こういうことを言いたかったのです。

リスクを取っても高い報酬にチャレンジする

一般的にサラリーマンはリスクの小さい職業です。自営業のように大儲けできる可能性はない代わりに大損をすることもありません。それどころか最近までは年功で賃金が決まり、会社に居続けていれば一定の昇給があるという時代が長らく続いていました。さすがに最近では時代も変わってきて、降給ということも出てきましたし、成果主義（実はこれも結構いい加減なのですが）によって賞与査定にも大きな差が付くようになり、報酬の多寡というリスク（ブレ幅）とは無縁と言えなくなりました。

私は日本が長い間取ってきた年功型賃金という体系がすべて悪いとは思いません。経営環境がはっきりしていて、戦略が明確であり、必要な人的資源を確保するのであれば、年功型賃金はとても成功するやりかたです。現に高度成長時代、日本の経済がうまくいった理由の一つと言っても良いでしょう。

ただ、現在のような変化の大きい時代になってくると、今までと同じわけにはいきません。少なくとも成果でなく年功で賃金が決まるのであれば、低リスクですから給料も高くすべきではないと思います。むしろもっと下げても良いかもしれません。

一方で高い報酬にチャレンジするリスクの高い仕事が同じ会社の中にあっても良いと思います。大事なことは誰もがリスクにチャレンジし、成功すれば高い報酬を得られること。その代わり失敗すれば降格、場合によってはクビになるかもしれない。でも仮にクビになったとしても、どこかで再チャレンジができるのであれば、それはそれでかまわないと思います。少なくとも「給料は働いたご褒美」とか「我慢料」だなどと考えている社員が多い会社が成長するのは難しいでしょう。

給料はあくまでも働いた結果に対する対価、そしてその対価の多寡はどれだけリスクがあるかによって決まるというお金の大原則は知っておいたほうが良いでしょう。

④ お金に執着のある人ほど、お金を増やせない

お金に執着のある人とは？

いきなり変なタイトルで驚かれた人が多いかもしれません。「『お金に執着がある人ほどお金を増やせない』ってどういうこと？　それって逆じゃないの？」と思う人が多いのが普通でしょう。

お金自体に執着がなければお金は貯まらないし、第一、お金に執着がないとパッと使ってしまうため貯まらないと考えられるからです。でもこのタイトルは間違いなく

事実です。それは一体どうしてなのか？　についてお話をしていきましょう。

そもそも「お金に執着のある人」とは一体どういう人なのでしょう。お金が嫌いな人は世の中にはいません。程度の差があっても誰もがお金は好きです。問題なのはその程度です。

要するに「お金に執着のある人」というのは「お金を得る楽しみよりも失う悲しみのほうが強い」という人です。つまり、儲からなくても良いから損はしたくないという気持ちが強い人なのです。でも実を言うと、これはほとんどの人がそうなのです。

経済学の中に行動経済学という分野があります。人間の経済行動、お金に関する判断を心理学の面から考える学問です。

この行動経済学の中心的な理論に「プロスペクト理論」というのがあります。この理論の骨子をごく簡単に言えば「人間は本質的に〝損失回避的〟である」ということです。

実験によれば、10万円儲かる喜びと同じ10万円損する悲しみを比べてみると、損をする悲しみの大きさのほうが、儲かる喜びの2・5倍ぐらい大きいというのです。

これは不思議な現象です。なぜなら、「儲かる」と「損する」では正反対の気持ちですが、同じ金額であれば、喜びと悲しみの大きさは同じぐらいのはずです。

ところが実際には悲しみのほうが2・5倍も大きいということは、人は誰でも本質的に損をするのは避けたいという気持ちが強いため、「儲からなくてもいいから損はしたくない」という気持ちになる人が多いのだと思います。

ではそういう気持ちになると、どんな行動を取るのでしょう？

先にお話ししたようにリスクを取れなくなるのです。リスクは儲かるか損をするかのブレ幅のことでしたね。つまり損をするのが恐いのでリスクを取れなくなるのです。

であるとすればどうなるか。これも先にお話ししたように、リスクを取らない限り、リターンを得られないということになります。

すなわち、お金に執着する人は、それを失うことへの恐れにこだわるあまり、必要なところでリスクを取ることができないということになるのです。これが、「お金に執着する人がお金を増やせない」理由です。

お金に執着する人の発想法は…

ただ、ここで理屈だけを言っていても仕方ありません。実際にお金に執着する人がなぜ儲からないのか、なぜ損をしてしまうのか？を具体的に彼らの行動で見てみましょう。それには株式投資のケースで考えるのが一番わかりやすいと思います。なぜなら株式投資は損得の結果がすぐに出やすいので、それに対してどんな行動を取るのかが、わかりやすいからです。

投資をするにあたって、よく評論家やＦＰの人が「投資はなくなってもいいお金でやりなさい」と言います。でも「なくなってもいいお金」なんてあるわけがありませんよね。投資はあくまでも儲けようと思ってやることですが、逆に損をすることもある。だから損をしても諦められる程度の金額でやりなさい、ということを言いたいのだろうと思います。

その感覚はわからないでもないですが、どうでもいい程度の金額のお金では、所詮増えたとしてもたいしたことはありません。投資の練習のために少額で投資を始めるというのなら良いですが、本気で投資をして資産を増やそうとするのであれば、それなりにまとまった金額を投入することが必要になります。大事なのはそうやって投資で損をした時にどのように考えられるかということです。もし投資をしていて自分の買っている株が暴落し、低迷した時、あなたならどう考えるでしょうか？

①仕方ない。また働いて稼げばいいや。

②くやしい！ これ以上損したくないから、もう投資はやめよう。

②と考える人は、あまり投資に向いていません。どちらかと言えばお金に対する執着の強い人です。投資はうまく行くこともあるし、そうでないこともある。だからうまくいかなくても「今回はだめだった。でもそれは仕方ないことで、また働けばいい」と考える人は長期的には成功することが多いのです。

例えば、最近で言えば、コロナ禍によって2020年3月に大きく株価が下落しました。そんな時、当然持っている株は下がって損が発生しているわけですが、「これは大きなチャンスだ」と思ってそこで投資をした人は、その後のV字回復で大きな利益を挙げました。

何もせず呆然と見ていただけの人は、結果的に株価は下落した以上に上がりましたので、ある程度の利益はありました。

最悪なのは下がった時に慌てて売った人です。損が確定した上に、その後の株価が戻る過程でも全く利益を挙げることができなかったからです。

でもこのように言うと、「それは結果論でしょう。だって3月に下がった時はもっと下がる可能性だってあったわけだし、その時に思い切って買ったという人はたまたまラッキーだっただけですよ」

でも本当にそうでしょうか？ そう思いたい気持ちはわかります。しかし暴落した時に投資した人は、自分できちんとリスクを取ったから儲けることができたのです。そこで「買ってもまだ下がるかもしれない」というリスクを覚悟の上で勇気を持って買ったからこそ儲けられたのです。

繰り返しになりますが、リスクを取らない限り、リターンを得ることはできません。まさにお金に執着する人は、お金を失うことの恐れにこだわるあまり、リスクを取ることができない、さらにはリスクから逃れようとして、結果的に一番悪いタイミングで手放してしまうということになりかねないのです。

お金に執着のある人が取る最悪の行動

これはまとまったお金で投資をしている人だけではなく、確定拠出年金などで積立てながら投資をしている人も同じことです。

実はここに面白いデータがあります。日本で確定拠出年金がスタートしたのは２００１年の10月ですから、かれこれ20年近く経っています。スタート当時の日経平均株価は１万円ぐらいでしたから、現在は２・８倍になっています。（２０２１年１月）

また、アメリカのニューヨークダウ平均も当時は９千ドルぐらいなので、こちらは３倍以上になっています。したがって、当時から積立てを開始した人は少なくともプラスにはなっているはずです。ところが依然としてマイナスの人が１・２％いるのです。（＊４）

これは一体どういうわけなのでしょうか？ 答えは簡単です。日本もアメリカもこの20年間でずいぶん株価は上がりましたが、ずっと上がりっぱなしだったわけではありません。途中で何度か大きな下落を経験しています。

＊４
「確定拠出年金実態調査結果概要」（2020 年 2 月 28 日　企業年金連合会）
https://www.pfa.or.jp/activity/tokei/files/dc_chosa_kessan2018_1.pdf

特に大きかったのは２００８年のリーマンショックです。その時は株価が４割近く下がりました。その時に持っていた株式の投資信託を慌てて売り、そのお金を定期預金にして今日まで持っている人が、依然としてまだマイナスが続いている人なのです。

これは考えてみれば当たり前の話です。下がったところで売るわけですから損が確定します。それを定期預金にしてしまったのですから、ほとんど利息のつかない定期預金では、そこから増えるわけがありません。結果として損を確定したまま今日まで来てしまったということです。

さらに、お金に対する執着の差が見て取れる例として「確定拠出年金」があります。中でも、企業型の確定拠出年金というのは、実は会社の退職給付制度の一つなので、加入をしている人もあまり関心が高くなく、放ったらかしにしている人が多いのです。

これはこれで問題なのですが、結果的に無関心だった人はリーマンショック時に何もしておらず、その時点では一時的に評価金額は下がったものの、その後は回復して今日では一定の利益を得ているのです。

本来、積立投資というのは長期的に資産を作るための手段として考えられている手法ですから、少しぐらい上がったり下がったりしても、それに一喜一憂する必要はありません。リーマンショック時のように暴落しても、そこで安くなったところを引き続き自動的に買っているわけですから、後になってみたら平均取得価格が下がっていることになり、メリットが享受できているのです。

ところがお金に執着のある人は価格の動きも熱心に見ています。したがって下がると気になって仕方ありません。特にコロナ禍の時と違ってリーマン時は回復するまでに数年かかりました。そこで気になって辛抱できずに売ってしまって撤退してしまったという、前述（↓051ページ）の例ではまさに②のパターンだったというわけです。

本章の第2節（↓030ページ）でもお話したように、お金を作るための基本は働くことです。投資でうまくいかなくても働いて稼げば良いという気持ちがあれば、過剰な不安や執着心がなくなるため、お金をうまく増やすことができます。

その辺のセルフコントロールができないのであれば、前述の積立投資を自動的に一定金額で続けるというのも一つの方法です。

世のサラリーマンの中には普通に仕事をしながら、若い内からコツコツと一定金額での積立投資をやって資産作りをしている人も多いのです。あまりお金にこだわりすぎて、かえってお金を失ってしまわないよう、注意することが大切です。

5 「カネは天下の回りもの」の本当の意味

投資とは世の中にお金を回すこと

ことわざに「カネは天下の回りもの」というのがあります。これは、「お金は一か所に留まるものではなく世の中を回っている。だから貧富は決して固定されたものではないので、今貧しいからといって悲観してはいけない、真面目に働いていればいつか自分のところにも回ってくるだろう」という意味で使われるようです。言わば現在貧しい人に対する励ましの意味があるのだと思います。

これは確かに一面の真実を表していると思いますが、一方で、「どうも最近の風潮を見ていると貧富の差は固定されてしまっていて、なかなか貧困から抜け出せない人も多いのではないか」と感じる人もいるでしょう。

私はこのことわざを一般的に理解されているのとは少し違う意味で解釈しています。どうも前述のような解釈ではあまりにも受動的で、「まあ、そのうちに良いこともあるさ」的な気楽さ、もっと厳しい言葉で言えば半分「なぐさめの境地」のようなニュアンスを感じるのです。私はもう少しポジティブに解釈すべきだと思っています。

お金は世の中を回っていることは確かですが、それは自分と関係のないところで回っているのではなく、自分も社会の一員として回す一人になるべきだと私は思うのです。

例えば投資というのは儲けるためにやることだと思われがちです。

それは確かにそのとおりなのですが、儲けるために必要なことは「世の中にお金を回すこと」なのです。というよりも世の中にお金を回すことでしか儲けることはできないのです。

もう少しわかりやすく言ってみましょう。投資とは、「今すぐに必要としないお金を持っている人」が、「そのお金」を「今、お金が必要なところ」へ回してあげるという行為です。具体的に言えば、企業が設備投資をしたり新規事業に乗り出したりするために資金が必要となった場合、銀行から借りるという方法もありますが、株式や社債を発行して個人に買ってもらうこともできます。

この場合の企業が「今、お金が必要なところ」であり、自分が「今すぐ必要としないお金」を持っていて、その企業に回してあげることが投資なのです。

回してもらった企業はそのお金を使って利益を出し、たくさんの従業員に給料やボーナスを払うことができるようになりますし、お金を出してくれた人に対しては配当や利息という形でお返しをします。

もし企業がたくさん儲けることができれば、その企業の株価は上がるでしょうから、投資した人＝お金を回してあげた人は儲かることになります。すなわち、投資は自分が儲けるために行うのですが、世の中にお金を回すことで、結果的にその企業や取引先、そしてそこに勤める従業員に対してもお金が回っていくことになります。だから投資は、自分が儲けるためであると同時に、世の中のためになることだと言っても良いのです。

寄付は投資と同じこと

投資は「今すぐにお金を必要としない人が、そのお金を今、必要としている人に回してあげる行為」でしたね。これって何かと似ていませんか？　そう、「寄付」も同じなのです。

寄付の場合、「今すぐにお金を必要としている人」もいろいろですが、一番わかりやすいのは震災や台風被害で家や財産を失ってしまった人達でしょう。そういう人達にお金を回すことで、そのお金を使って今の生活状況をより良くすることができます。もちろん寄付はお金が戻ってくるわけではありませんが（所得控除があるので、国からは寄付したお金の一定部分は戻ってきます）、感謝の気持ちや言葉は戻ってくるかもしれません。何よりも「人のために役立つことをした」という満足感を得ることができるのはお金と同じぐらいの価値があると言っても良いでしょう。

投資も寄付も「今、お金を必要としている人に自分のお金を回してあげる」という点においては同じことです。違いはそれによって得られるのが「お金」か「満足」かというだけです。

日本人は寄付も投資もしない

ところが、残念なことに日本人は投資も寄付もあまりやりません。図2と3をご覧ください。図2は日銀が2020年8月21日に出した「資金循環の日米欧比較」ですが、これを見ると日本の場合、個人の金融資産に占める現金・預金の割合は54・2％であるのに対して有価証券、つまり投資に回しているお金の割合は13％にしか過ぎません。アメリカは日本とは逆に現金・預金の割合が13・7％で株式と投資信託に債券を加えると有価証券の割合は50・8％となりますから、日本とは全く逆の割合です。欧州はその間ぐらいですが、いずれにしても日本の現金・預金の割合は突出しています。つまり日本人は圧倒的に現金と預金が好きなのです。

また、図3はイギリスのチャリティー団体 Charities Aid Foundation（CAF）およびアメリカの世論調査企業ギャラップの調査による、人助け、寄付、ボランティアに関する指数であるWorld Giving Index（世界寄付指数）と呼ばれるデータからの抜粋です。

図2　資金循環の日米欧比較

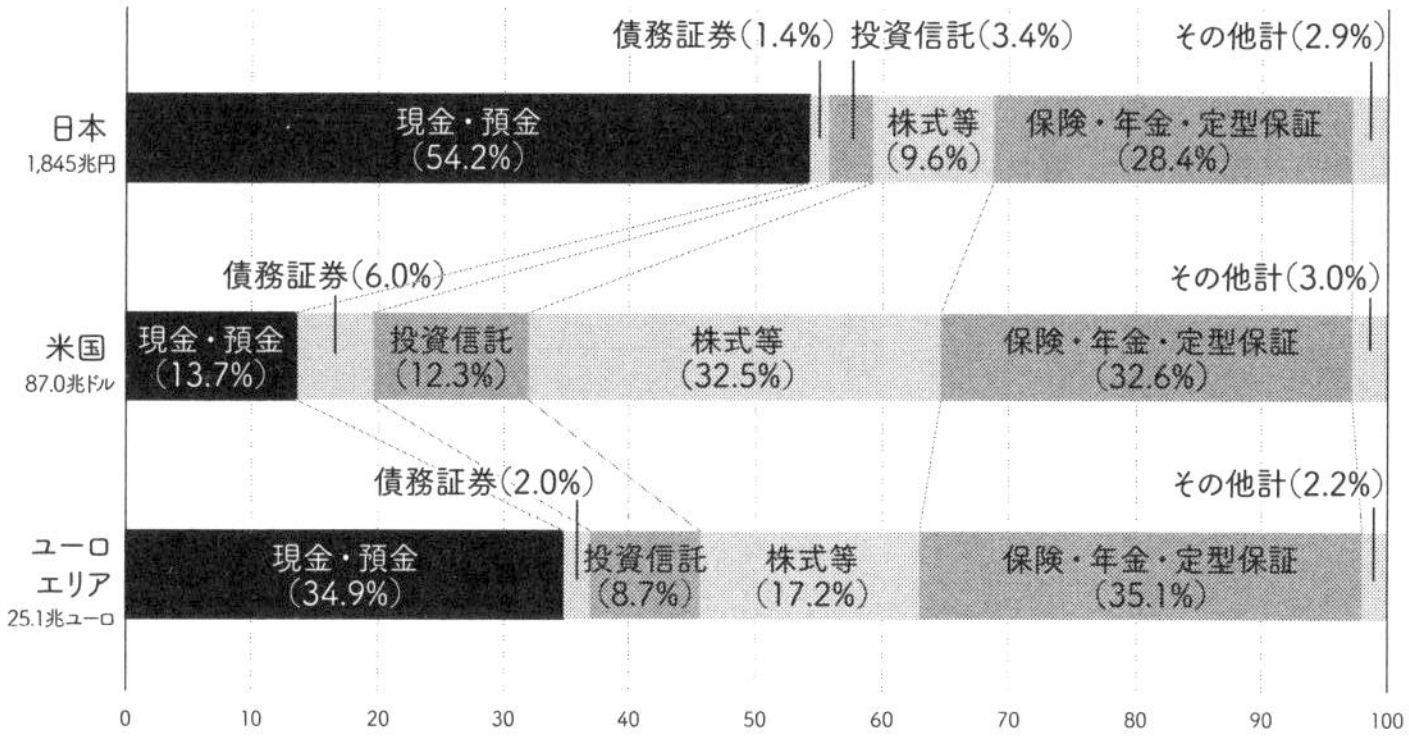

＊「その他計」は、金融資産合計から、「現金・預金」、「債務証券」、「投資信託」、「株式等」、「保険・年金・定型保証」を控除した残差。
出典：「資金循環の日英欧比較 2020 年 8 月 21 日」日本銀行調査統計局作成

図3　CAF World Giving Index(世界寄付指数)

	総合	人の手助け	お金の寄付	ボランティア
アメリカ	1位(58%)	3位(72%)	11位(61%)	5位(42%)
ミャンマー	2位(58%)	49位(49%)	1位(81%)	3位(43%)
ニュージーランド	3位(57%)	10位(64%)	9位(65%)	6位(41%)
オーストラリア	4位(56%)	11位(64%)	8位(68%)	12位(37%)
アイルランド	5位(56%)	16位(62%)	7位(69%)	10位(38%)
日本	107位(23%)	125位(24%)	64位(23%)	46位(22%)

出典:CAF(Charities Aid Foundation)World Giving Index 2019

これは、「見知らぬ人に手助けをしたことがあるかどうか」、「お金を寄付したことがあるかどうか」、そして「ボランティア活動をしたことがあるかどうか」の3項目にわたってアンケートを取り、いずれもそれをしたことがある人の割合を調べて高い順番に並べたものです。

日本の数字をご覧ください。3項目の総合では世界107位、寄付については64位です。たった23％の人しか寄付をしたことがない、というのです。

日本は長い間不況だったから、そんな余裕がなかったと言う人がいるかもしれませんが、日本は世界第3位のGDPを誇る経済大国です。ところが日本よりもずっと貧しい国のほうが寄付をしている人の割合は、はるかに多いのです。

これを見る限り、日本人は投資も寄付もしないということがわかります。つまり世の中にお金を回すことはせず、手元に現金を持っていて大切に置いているのです。

実際に手元に置いてある現金を「タンス預金」と言いますが、この金額は一体どれくらいあるのか？　正確な数字は把握しようがないのですが、さまざまな研究機関の推測では30兆円～80兆円ぐらいはあると言われています。

世の中にお金を回さないということは人も企業も信用していないということです。

誰も信用せず、したがって投資はしないし、人のためにお金を使うのも嫌だから寄付もしない。信用できるのは現金だけだから手元にずっと何十兆円も現金を置いておく。

恐らく日本人は世界一、お金自体が大好きな国民なのかもしれませんね。

〝大好きなお金〟を手元に置いても決して成長しない

でも、そんな大好きなお金を手元に置いても、決してそのお金は増えることはありません。世の中にお金を回すから、世の中にお金が回っていくから、経済が成長し、給料も増えて、自分達も豊かになっていくのです。「カネは天下の回りもの」というよりも「カネは天下に回すべきもの」なのです。

また、世の中にお金を回すというのは、何も投資や寄付だけとは限りません。消費だってお金を回すことなのです。投資をやっている人の中には「投資する先の企業を応援することが投資の目的だ」という人もいます。それはそれで別にかまわないのですが、企業にとっては、市場で自社の株を買ってもらうよりも、商品やサービスを買ってもらうほうがよりうれしいのではないでしょうか？　それに投資することでしか応援できないのなら、上場企業しか応援できないことになってしまいます。

自分が気に入った商品やサービスであれば、それにお金を投じることだって、立派に世の中にお金を回していることなのです。

もちろんムダ使いは感心しませんが、少なくとも自分の価値観で意味があるものであれば、それが消費であれ、投資であれ、寄付であれ、どんどんお金を回していくことが大切なことだと思います。そうすればまさに「カネは天下の回りもの」、巡り巡ってやがて自分のところに戻ってくるでしょう。

モリエールの戯曲『守銭奴《しゅせんど》』に出てくるアルパゴンのようにお金だけを愛し、手元に置いてあるお金を眺めてニヤニヤするというのは、決してカッコいいものではありませんし、仮にそうやってもお金が増えることはないでしょう。

お金は世の中に回してこそ、仲間を一杯連れて戻ってきてくれるのです。

第2章

お金に関してやってはいけないこと

前章では「お金について、それほど過剰に心配する必要はない」ということをお話ししましたが、それはあくまでも普通に生活をしていれば大丈夫ということであり、「やってはいけないこと」をやってしまうと、取り返しのつかない失敗を犯すことで一気にお金で困ってしまうという事態が生じかねません。

本章ではそんな「やってはいけないこと」について五つのお話をしたいと思います。

実はこの「やってはいけないこと」というのは案外、厄介なのです。

例えば金融詐欺に騙《だま》されてしまうとか、過剰に消費者金融のような高利のお金を借りてしまうといったことであれば、誰が考えても「良くないことだ」というのはわかります。

ところが、誰もが当たり前にやっていることの中に、実は「やってはいけないこと」が潜んでいるのです。

ここでお話する「保険」、「投資」、「年金」、「ローン」、そして「ライフプラン」という五つのテーマは誰にとっても身近なことばかりですが、その取り扱いかたの中に致命的な間違いになりかねないことがあるのです。

そしてこれらの「やってはいけないこと」は、いずれも既成概念によって思い込みにとらわれてしまっていたり、人間が持つ自然な感情によってバイアス（偏り）が生じてしまったりしているので余計に厄介なのです。

本章ではそんなバイアスをできるだけ取り除き、シンプルに原理原則に従って、〝やってはいけない〟罠に嵌《は》まらないようにするにはどうすれば良いかについてお話したいと思います。

(1) 保険に入りすぎてはいけない

「欲」と「恐怖」

人間がお金に関して行動を起こす動機はさまざまですが、その中で最も強い動機が「欲」と「恐怖」です。人は誰もこの二つの動機に心を揺さぶられ、誤った判断をしがちになります。

「欲」がお金を動かす動機になるのは誰でもわかるでしょう。欲に駆られて投資した結果、失敗して損をするのは多くの人が見聞きしたことがあるでしょうし、中には自分自身がそういう失敗をしたという人もいるかもしれません。

では、「恐怖」が動機でお金を動かすというのは一体どういうことなのでしょうか。私はその典型的な事例が「保険」に入ることだと思っています。人は病気や怪我、自分の生命にかかわることについては、誰しも何がしかの不安を持っています。

さらにそうした不幸な出来事を理由として経済的に困窮するという恐怖もあります。むしろ「欲」よりも「恐怖」に駆られて行動する動機のほうが、そのパワーは強いかもしれません。もちろん私は保険不要論者ではありません。保険というのは人間社会で考え出された非常に優れた叡智であり、保険が存在するおかげで多くの人は安心して生活できたり、経済活動ができるのは間違いありません。

保険を正しく理解し、適切に利用する分には全く問題ないのですが、世の中の多くの人を見ていると、どうもそうではないような気がしてならないのです。実際、日本人は世界的に見ても保険の加入率、払っている保険料の金額では突出しています。

では、一体何が問題で、「お金に関してやってはいけないこと」の一番初めになぜ「保険に入りすぎてはいけない」という項目が来るのか、ということからお話をしていきましょう。

確率と金額の多寡がポイント

　そもそも保険とは一体何のために入る必要があるのでしょうか？　それは将来、何か不幸な出来事が起きた時、経済的に困らないような保障を得られるようにするのが最大の目的です。この〝経済的に困らない〟ということがとても大事なのです。

　多くの人が保険に求めているのは「安心感」ですが、それはあくまでも経済的な安心感のはずなのに、いつの間にか保険を「お守り」のように勘違いしてしまっている面も感じられます。

　言うまでもなく、保険に入ったからといって病気にならないわけでも死なないわけでもありません。あくまでもそういう不幸な事態になった時、経済的に困らないようにするのが目的です。したがって、仮に何かあったとしても、自分のお金で賄《まかな》えれば保険に入る必要はないのです。起きるか起きないかわからないもので、仮に起きたとしても自分の蓄えで賄えるぐらいの金額で想定できるのであれば、保険に入る必要はありません。保険料を払う代わりに、そのお金を貯金していれば良いのです。

貯金の良いところは、貯めておきさえすれば使い途《みち》は後からいくらでも決められることにあります。ところが多くの人が１００％の安全・安心を求めようとする結果、ありとあらゆる保険に入ろうとします。

話は少しそれますが、今回のコロナ禍においても人々は１００％の安全を求めているように見えます。でも正直言うと、こういう目に見えないウイルスを介した感染症においては１００％安全ということはあり得ません。検査で陰性と判断されても病院や保健所からの帰りの電車やバスでつり革につかまって感染するかもしれませんし、外に出るのを極力控えても近所のスーパーへ買い物には行くでしょう。自分では気付かず感染している人が咳をして飛んだ飛沫からウイルスが付着した野菜を手に取って買っているかもしれないのです。でもまあそういう可能性は確率的に極めて低いでしょう。そう、何事も確率の問題ですから１００％安全というのはあり得ないのです。

したがって、保険に入るかどうかを決めるポイントは、自分に対してそういう不幸な出来事が起こる確率、そしてそれが起きてしまった場合に自分で経済的に対処できるかどうか、という金額の多寡によって入るべきかどうかを決めれば良いのです。

具体的な例を考えてみよう

例えば、起きる確率は非常に少ないけれど、もし起きてしまったらとても自分の蓄えでは賄えないことの代表は、車を運転する場合の死亡事故でしょう。

これは万が一にでも起きてしまった時、何億円にもなり得る保障は、とても自分で出せるはずがありませんから、運転する人なら絶対に入るべきです。

ところが同じ自動車保険でも車両保険の場合は入らない人もいます。その理由は保険料が高いからです。なぜ高いかというと、人身事故のように滅多に起きないということではなく、自分で車庫入れする時にこすったり、脱輪してボディをへこませたりするようなことは割とよく起きるからです。でもそんなことだってしょっちゅう起きるわけではありませんし、仮に起きてもせいぜい数万円ぐらいの修理代で済むなら自分で払えない金額ではありません。だったら高い保険料を払わなくても良いのでは？という判断をする人がいるから入らない人も多いのです。この判断は非常に合理的ですが、自分の車に対しては冷静に判断できても、自分の身体や健康になるとそうならなくなるのは、まさに「恐怖」がもたらす効果なのでしょう。

貯金代わりに保険に入るのは意味がない

世の中には「なかなか貯金ができないけれど、保険に入れば強制的に保険料が引かれるので自動的に貯まるから」といって貯金代わりに保険に入る人もいますが、これもあまり意味はありません。サラリーマンであれば天引き貯蓄をすれば済むだけの話だからです。

さらに「今は低金利なので貯金をしても利息はほとんど付かないけれど、個人年金保険のようなものなら定期預金よりもずっと利息が高い」という人もいますが、今のような超低金利の時に期間が30年とか40年といった長い期間でお金を預けるのは避けたほうが良いでしょう。もし中途解約の必要が出た場合、ほとんどの期間で元本を割ることになります。それに、貯金と保険はそもそも正反対の性質を持つものです。

貯金＝将来の楽しみに備えて自分で蓄えるもの
保険＝将来の不幸に備えてみんなで備えるもの

いずれも将来に備える点は同じですが、それが「楽しみ」なのか「不幸」なのか、「自分一人で備えるもの」か「みんなで備えるものか」という違いですから、これはそもそも正反対のものだと考えるべきでしょう。

したがって、保険で貯金の役割を持たそうと思うと、利回りはたいしたことなく、保障もそれほど多くないという中途半端なものになってしまうのです。

保険の本質は「掛け捨て」です。将来起こり得る不幸、そしてそれが一人のお金ではとても賄えない性質の不幸な出来事に対して、あらかじめみんなでお金を出し合っておき、誰かがそういう大きな不幸に遭った時に、みんなで出したお金をその人に回してあげるというのが保険の本質です。今流行の言葉で言えば、貯金は「自助」そして保険は「共助」なのです。

必要な保険はできるだけ安い保険料で多くの保障が得られる「掛け捨て」で対応し、お金を貯めたり増やしたりするのは「貯蓄」や「投資」で考えるべきでしょう。

公益財団法人「生命保険文化センター」が平成30年12月に発表した「生命保険に関

する全国実態調査」によれば、40歳~59歳の人で毎年払っている保険料の金額は平均で42万7千円となっています。もし仮に40歳からずっとこの金額を60歳まで払い続けたとすると、その金額は854万円です。

ところがネット生命保険で仮に生命保険の死亡保障を2000万円で同じ期間加入し続けた場合、シミュレーションによれば、払い込む保険料は131万円ぐらいで済みます。なんと7倍近く違ってくるのです。気を付けないとわれわれは実にムダな保険料をたくさん払っているのかもしれません。

(2) 投資を安易に考えてはいけない

自然な感情で投資をすれば必ず失敗する

前節で「欲と恐怖」というお話をしました。特に保険は「恐怖」が動機となって加入するケースが多いので、冷静に考えることが大事だと言いましたが、この「欲と恐怖」は、投資においても正常な判断を邪魔します。

というよりも実は、普通の人間が心の赴《おもむ》くままに投資をすれば、ほぼ100％失敗します。「え！　そんなことが！」と思うかもしれませんが、これは事実だし、投資の経験のある人なら誰でもうなずける話でしょう。

近年、注目されつつある「行動経済学」においても、この傾向は実験で、ある程度実証されています。第1章第4節でもお話しましたが、人間は本来「損失回避的」で「リスクを取りたくない傾向が強い」ものなのです。（↓048ページ）

ところが前述したように、リスクを取らない限り、リターンを得ることはできません。これは永遠の真実です。世の中にうまい話はないからです。もちろん損をしたくないのは誰でも当たり前です。問題は損があまりにも嫌いだから間違った判断をしてしまいがちになるということなのです。人は何よりも損をすることが嫌いなので、「儲からなくてもいいから損だけはしたくない」という傾向になりがちです。これが行動経済学で言う「損失回避的」ということなのです。

では、損失回避がいかに正常な判断を妨げるのかを実例を挙げてお話しましょう。

例えば、株式を買った後にその株価が上がったらどんな心理状態になるでしょう。もちろんうれしいですね。でも単にうれしいだけではなく、もう少し複雑な心理になります。それは「もっと上がるかもしれない」という期待感と、「上がって良かったけど、今売っておかなければ下がってしまうかもしれない」という不安感です。

何しろ先のことは誰もわからないのですから、こういう矛盾する二つの気持ちが出てくるのは当然です。人は「損失回避的」なので、多くの場合、「期待感」よりも「不安感」のほうが大きくなり、とりあえずは一旦売って利益を確保しておこうという行動を取りがちになります。

では逆に下がった場合はどうなるでしょう。当然、気分は悪いですね。でも人間は損をするのが何よりも嫌いなので、普通は下がったところで売ることはしません。いずれ上がるだろうという根拠のない願望で持ち続けます。

本来、その企業の業績が悪化したり、見通しが悪くなったりした場合は、すぐに売ったほうが良いのでしょうが、なかなかそれができません。

やがてその後、さらに下げが加速すると、今度は「このままいくと潰れるかもしれない！」という恐怖感で慌てて売るという行動を取りがちです。でも下げが大きくなる場面というのは往々にして下げる最終局面なので、そういうところで売ると、大体その後は上がり始めるパターンが多いのです。

結果、どういうことになるかというと、上がった時は少ししか儲からずに利益を確定し、下がった時は大きく損をしてしまいがちになります。よく株は「十勝一敗でも

儲からない」と言われますが、その理由はこの「損失回避」の心理があるからなので
す。したがって、投資に関して知識の有無だけではなく、人間の心理的傾向として投
資はそれほど簡単なものではないと考えておいたほうが良いと思いますし、勧められ
て安易にお金をつぎ込まないほうが良いでしょう。

投資の目的をはっきり決めることが大事

では投資はしないほうが良いのかというと決してそんなことはありません。ただ投資のやりかた、そして投資の原理原則を知った上で行うべきだということです。そもそも投資する目的には大きく分けて二つあると私は考えています。

一つは積極的にリスクを取って儲けようとすること、もう一つはお金の価値を維持するために投資をするということです。お金の価値を維持するというのは、将来インフレになったとしても価値が目減りしないようにするということです。

投資をするのであれば、どちらを目的にするかは決めておいたほうが良いと思います。なぜなら、目的によって投資のやりかたが全く異なるからです。

例えば積極的に儲けようとするのであれば、それなりの覚悟が必要です。リスクを取るということは失敗する可能性も高いわけですから、第1章第4節（↓047ページ）でもお話ししましたように、もしそうなった場合でも、自分でまた稼げば良いと思えるぐらいの気持ちで行うべきでしょう。

実際に投資家として成功してお金持ちになった人は世の中に一定数いますが、そういう人達はみんなリスクを取り、人が行動する時と逆のことを平気で行える強い意思を持った人ばかりです。だって、下がっている時に買うということは、みんながダメだと思って売っている時に勇気を持って買うということですし、上がっている時に売るというのはみんなが浮かれている時に冷静になって売るということだからです。

みんなと同じように動かないと不安だというのが普通の人間の心理ですから、それでも投資で儲けようとするなら、知識やノウハウを得るだけではなく、失敗も経験し、訓練して強いマインドが持てるようにしないといけないということでしょう。したがって、これができるのはやはり、ごく一部の人だと言って良いと思います。

では、もう一つの目的、「お金の価値を維持するために投資をする」というのはどうでしょう。これはそれほど難しいことではありません。普通の人でも十分、行うことは可能です。具体的にどうすれば良いかと言うと、世界中の株式市場に対してその規模に応じた割合で分散投資する「投資信託」を積み立てていけば良いのです。

「え！　そんな簡単なことで良いの？」と思われるかもしれませんが、それで良いのです。物価が上昇するのは、ある程度経済が成長するからです。健全な経済成長下では、ある程度物価上昇も伴っていきます。そうでなければ給料だって上がりません。ということは経済成長に伴って株価も上がることになります。もちろん地域によって成長率に差がありますから、どこが一番良いか、あるいは、どの企業が一番良いかはわかりません。わからないからこそ全部買えば良いのです。そういうことができる投資信託が今ではたくさんあります。

これは先ほどの投資と違ってそれほど難しいことではありません。口座を開いて銀行口座から毎月定期的に引き出して購入する契約をすれば、後は放ったらかしておいてもかまいません。いやむしろ放ったらかしておくほうが良いのです。なぜなら毎日価格を気にしていれば前述のような心理的な罠に嵌《は》まってしまうからです。若い人を中心に最近多くの人が始めているのがこのやりかた、「積立投資」です。

投資をするなら、これだけは心得ておくべき

どういう目的でやるにせよ、投資はリスクを伴うものであることに変わりはありません。リスクを伴うお金の行動をする上で、これだけは心得ておくべきことを三つ挙げておきたいと思います。

①リスクとリターンの原則を理解しておく

高いリターンを得ようとするとリスクは高くなります。もっとわかりやすく言うと「たくさん儲けたいと思うなら、同じぐらいたくさん損することも覚悟しておきなさい」ということです。

逆も同様で「あまり損をしたくない」と考えるのであれば、大きな儲けを期待することもできません。この原則は投資にあたっては永遠の真理です。例外的にリスクが少なくても儲かることもありますが、それは「インサイダー取引」という犯罪ですから、決して手を染めてはなりません。

②わからないものを買ってはいけない

どんなに「これは良い金融商品だ」と言われても、なぜそれが良いのか？　どういう仕組みで利益が上がるようになっているのか？　逆にどういうデメリットがあるのか？　を自分できちんと理解した上でないと投資すべきではありません。

投資は失敗することもあります。ところが仕組みをきちんと理解していないと、失敗してもその理由がわかりませんから、また同じ失敗をしがちになってしまいます。大切なことは「自分で理解する」ことです。

③人の言うことを信じてはいけない

投資は自己責任だと言われますが、勧められるとつい「買ってみようか」という気になりがちな人は結構多いです。でも投資は絶対に人の言うことを信用してはいけません。自分の頭で考え、自分で納得した上でないと判断してはいけないのです。

なぜなら、いくら人のアドバイスを聞いて失敗しても、誰も責任は取ってくれないからです。

人から勧められて、自分で考えずに言われたとおり投資して失敗したら、気持ち的には勧められた人を責めたくなります。そうなってしまうと、なぜ失敗したのかを学ぶことができなくなります。

投資はどこまで行っても人を信用せず、自分の頭で考えるべきです。

（3）年金保険料は払わないと損をする

公的年金の役割

第1章の初めのほうで、「年金保険料を払わないというのは、絶対やってはいけない」というお話をしましたね。（→027ページ）ここでは、なぜそうなのかをもう少しくわしくお話するとともに、年金保険料を払わないと、必ず損になってしまうというお話をしたいと思います。

第1章でもお話したとおり、公的年金の本質は「保険」です。保険というのは自分の力で賄えないことに対してそれをカバーするためのものだということは、本章の第1節でもお話しました。歳を取ると誰もが働けなくなってしまいますから、そうなった時の生活を賄うのが年金という保険の大きな役割です。

公的年金は終身、すなわち死ぬまで支給されるわけですが、人によって寿命は違います。中には100歳まで生きる人もいますので、そういう人は65歳から年金をもらい始めて35年間も年金を受取ることができます。

一方、不幸にして60歳を手前にして亡くなる方もいらっしゃるでしょう。そういう人は本人には年金は一円も支払われません（もちろん遺族の方がいらっしゃれば、遺族年金が支給されますが）。したがって、年金は損得で考えても仕方がないのです。

多くの人は年金の本質が保険だということを理解せず、貯蓄のようなものだと考えているので、すぐに「損得」を考えがちになりますが、年金で一番大切なことは損得ではなく、予想を上回ってどれだけ長生きしても生涯、支給されるという安心感なのです。

最近、菅総理が就任するにあたって、「自助・共助・公助」ということを言いましたが、公的年金はこの三つの中で言えば「共助」です。誰もがまず初めにやるべきなのは、働いて稼ぐことですから「自助」が最初に来るのは当然ですが、やがて歳を取ると働けなくなる時期が来た時に、どれだけ長生きしても死ぬまで年金が受取れるという仕組みはとても大事です。中には「年金など当てにせずに自分で資産をこしらえて老後の生活を賄うのだ」という頼もしい自助精神に溢《あふ》れた方もいるでしょうが、自分の持っているお金には限りがあります。想定以上に長生きをした場合、お金が足りなくなってしまうということだってあり得ます。したがって、その時代の現役世代が、高齢者を支えるという仕組みの「共助」はやはり必要なものなのです。

公的年金の原資は何か？

では、三番目の「公助」とは一体何か？　これは、年齢に関係なくさまざまな不幸や問題が重なったために生計が維持できなくなった人を助けるための仕組みで、「生活保護」などがこれにあたります。生活保護には保険料のようなものはありません。何かをしなかったから生活保護が受けられないということにはならないのです。言わば最後のセイフティーネットにあたるもので、その財源となるのは税金だからです。

図4　年金保険料を払った人、払わなかった人の違い

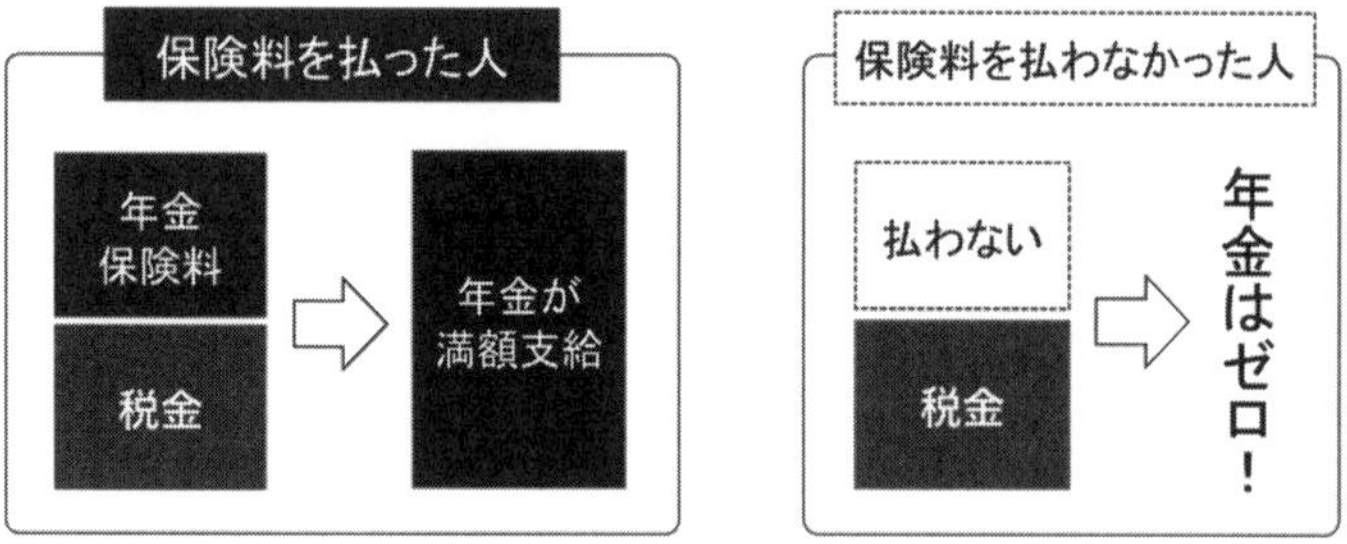

ところが「共助」である年金の基本的な財源はみんながそれぞれ負担する「保険料」です。一定の保険料を払っているから、将来働けなくなった時に年金が支給されるのです。保険料を納めなかった人に対して年金は支給されません。したがって、保険料を払わない人は、将来大きな後悔が生じることになります。

でも実は年金を払っておかないと損をするというのは、それだけではないのです。年金保険料を払わなかった人は自分が納めた税金まで損をすることになりかねません。

図4をご覧ください。例えば、公的年金の一番土台となっている国民年金は、現在、その財源の50％を国が負担しています。残りの半分が年金保険料です。ここで「国が負担」と言いましたが、

国って誰のことでしょう？　これは言うまでもなくわれわれが払った税金です。すなわち保険料から半分、残りがわれわれの税金で年金の給付が賄われているのです。

ところが、もし年金保険料を全く払わない人がいたとしたら（図の右側のケースです）、その人に対して年金は全く支払われることはありません。年金保険料を払わない人でも税金を払ってない人はいないでしょう。もし払っていないのであれば、それは脱税になるからです。したがって、年金保険料を払わなかった人には1円も年金が支給されないということは、その人が払った税金が他に使われることになります。

「いや自分は、年金保険料は払わなかったけど、税金はちゃんと払ったのだから半分は年金をもらう権利があるのだ！」と主張してもそれはだめです。年金保険料を最低10年以上払わなければ、年金の支給を受ける権利はないからです。

このように、年金保険料を払わなければ自分が払った税金まで損をしてしまうということになりかねません。ただし、サラリーマンの人は心配する必要はありません。なぜならサラリーマンは年金保険料が給料からの天引きで徴収されているので、未納になることがないからです。

でも自営業の人は違います。自分で年金保険料を納めないといけません。また、勤め人でも厚生年金に加入する資格のない人、例えばパート勤務や非正規社員として働いている人の中には自分で納めるべき人達がいます。第1章でもお話ししましたが、そういう人達は厚生年金がない分、年金の支給額そのものがそもそも少ないのです。その上、保険料も払わずにいたら、老後はどんな悲惨な状況になるかわかりません。少なくとも年金保険料は絶対に払っておくべきです。

公的年金保険が民間保険よりも有利な理由

ところが自営業の人達の中には国民年金に加入せず、民間の保険会社で個人年金保険に入っている人がいます。これは実にナンセンスです。

そういう人達は国よりも民間企業のほうが信用できると考えているのでしょうか？そんなことはあり得ません。どう考えても民間保険会社に公的年金の代わりが務まるわけがないのです。

なぜなら民間企業は営利を目的としています。したがって、契約者から集めた保険料から保険会社の従業員の給与や運営費用、保険会社の利益といった、さまざまなコストを差し引いたものの中から保険金が支払われることになります。営利を目的としていない公的年金とは根本的に構造が異なるのです。

それに民間保険の場合、公的年金のように税金が投入されることはありません。したがって、民間保険会社が公的年金と同じ物をこしらえることは、絶対にできないのです。

もちろん、公的年金と全く同じ条件の民間保険があるわけではありませんから、全て同じ条件で比べることは不可能ですが、公的年金保険と民間保険会社の個人年金保険を比べてみると、概して公的年金のほうが払込保険料の総額は安いものの、支給総額は逆に多くなる傾向があるようです。

経済状況によっては、今後、公的年金の保険料や支給額は変わる可能性があります。ただ、保険料が上がったとしても、支給額も物価や賃金とほぼスライドしますので、インフレに強いのは圧倒的に公的年金なのです。

この最大の理由は、個人年金保険がどちらかと言えば貯蓄的な位置づけであるのに対して、公的年金はまさに保険そのものだからです。国から税金が投入されていますし、保険料は現役世代が支払うわけですが、保険料のベースとなるのは現役世代の賃金ですから、それが上昇すれば、年金支給額も増えるというのは、まさに公的年金の大きな特徴と言えるでしょう。

自分で年金保険料を払わなければならない人達が老後の備えのために必要なこと、それはまず第一に公的年金の保険料を払うことです。

④

お金を借りる時にやってはいけないこと

お金を借りるためのシンプルな二つの真実

かつて、借金をすることは恥ずべきことだという時代がありました。今でも60歳以上の人の多くは子供の頃に親から「できる限り借金をしてはいけません」と教えられた人は多いと思います。

ところが最近では借金をすること自体にあまり抵抗がなくなってきているようです。

本稿ではすべて「借金」という言葉を使いますが、実際には「ローン」だとか「リボ払い」だとか「ボーナス払い」という言いかたをされるようになりましたので、余計に借金をすることの心理的な抵抗感が少なくなっているのだろうと思います。しかしながら、そういった柔らかい言葉で本質を見失ってしまうことがないよう、本稿では一貫して「借金」という言葉を使いたいと思います。

私は借金が悪いことだとは思いませんが、お金を借りるというのがどういうことなのか？　その本質を知ること。そして仮に借金をするのであれば、これだけは知っておくべきということがあります。

始めに、借金をするというのはどういうことかということです。これはごくシンプルな話で、「人が持っているお金を使わせてもらう」ということです。今、自分に使えるお金がないから、人のお金を使わせてもらうのです。当然、人のものを使わせてもらうわけですから、次の二つは何があっても守らねばなりません、

①借りたお金は必ず返す

②借りるのだから使用料を払う

①はごく当たり前のことですが、②の使用料とは一体何か？　それは「金利」です。言うまでもなく、この二つは借金する上では最も重要な原則と言って良いでしょう。
さらに言えば、この使用料は人によって差があります。

何か物を借りて、その使用料を払う場合は、人によって異なることはありません。レンタカーにしても借家にしても、あらかじめ料金を提示しています。

ところがお金の使用料である金利は借りる人によって全く異なることがあります。その理由は①にあります。〝借りたお金は必ず返す〟のは当然のことですが、世の中には借りたお金を返さない人もいます。もちろん悪意を持って返さないわけではなく、予定が外れたり、うまくいかなかったりして〝返せない〟ということもあります。

だからといって返さなくてもいいわけではありません。待ってもらうなり、余分に金利を払うなりしながら、時間がかかっても返すのは当然でしょう。

貸す側から見ると、相手がどれぐらい返済の確実性があるかは重要です。ほぼ確実に返してくれるのなら、使用料＝金利は安くても良いでしょうが、返済にやや不安のある先なら金利を高くするのは当然です。これは貸す相手の「信用度」です。したがって、通常、銀行等が融資する場合は、相対で融資先と話し合って金利を決めることが多いのです。

消費者金融の金利はなぜ高いのか？

ところが、中にはあらかじめ金利の水準を表示している場合もあります。例えば住宅ローンのような場合です。この場合、たいていは融資する物件を担保に取りますから、仮に返せない事態になっても担保を処分すれば良いので、融資する人の信用度によって変える必要はないのです。

そしてもう一つ、カードローンや消費者金融もあらかじめ金利を表示しています。ただし、こちらの金利は、住宅ローンとは比較にならないくらい高いのが普通です。

なぜ高いのでしょうか？　それは貸す相手の信用度をかなり低く設定しているからです。普通、こうした借金の場合、担保は取りません。一定の信用調査をすることもありますが、中には簡単な身分証明書だけで借りられることも多いのです。したがって、貸した先のうち、一定割合は返済できない先があるということを見越して、金利を決めるのです。

いくらあなたが一流企業に勤めていて土地をたくさん持っていても関係ありません。それなら何も高い金利のカードローンや消費者金融を利用する必要はないでしょう。現実には貸し倒れリスクのかなり高い人を対象に貸し出しているので、そういう人達に貸し倒れが発生するリスクの分まで他の利用者が高い金利を払うことによってカバーしているということです。

考えてみれば、本来貸すほうが負うべきリスクを他の健全な利用者に負担させるというのは納得がいかないとも思えますが、小口の融資において、いちいち信用調査をするのはコスト的にはとても合わないからでしょう。

いずれ、現在の中国で行われているようなアリペイの芝麻信用（ゴマ信用＝Sesame credit）のように個人の信用がスコア化できるようになれば、こうした小口の金融でもそれほど高い金利を負担しなくてもよくなるかもしれません。

借金をすることが合理的な場合

さて、ここまでは借金の本質ということについて考えてきましたが、最初に私は「借金は必ずしも悪いことではない」と言いました。なぜそう考えるのでしょうか？

これは借金に限らず、経済すべてにわたる原理原則なのですが、何らかの経済行為を行うには大原則があります。それは「費用を上回る便益《べんえき》があること」です。

費用はコストと言い換えても良いでしょう。便益というのは、あまり聞き慣れない言葉ですが、メリットとか利益と言い換えるとわかりやすいと思います。すなわちコストをかけても、それを上回る利益があればやるべきだということです。

借金の場合はどうでしょう？　この場合のコスト＝費用は言うまでもなく「金利」です。したがって、金利という費用を払っても、それを上回る利益やメリットがあれば、それは合理的な借金ということができます。

企業において、これはとてもシンプルです。仮に企業が新しい事業をするとしましょう。見込める利益率は年10％とします。自己資金が1千万円あって、そのお金のみで新しい事業に投下すると利益は100万円です。

ところがその企業が銀行から1億円借り入れて新しい事業をしたらどうでしょう。その場合の借り入れ金利が5％だとすると、費用は1億円の5％で500万円かかりますが、借りた1億円が生み出す利益は1000万円ですから、金利を差し引いても500万円の収益となり、自己資金でやる場合よりも5倍も収益は多くなるのです。


ところが個人の場合、自営業者でない限り、事業をするためにお金を借りるわけではありません。

住宅を買うためにローンを組む、自動車の購入にローンを使う等、何らかの商品やサービス購入にまとまった資金がいる時に借りることになるでしょう。しかしながらここでも経済の大原則「費用を上回る便益があるかどうか」は考えるべきなのです。

例えば家を買う場合の便益とは何でしょう？「歳を取っても自分が住める家があるという安心感」、「将来値上がりするかもしれない期待（これは今はほぼありえないでしょうが）」といった、言わば「心の便益」が大きいと判断するなら、ローンを組んで家を買えば良いということになります。

よく「持ち家」か「賃貸」か、で両派に分かれて激しい議論が行われていますが、どちらが絶対に良いということではなく、あくまでも「自分の家に対して、どれぐらいの価値を持つか」という人生観の問題ですから、人によっては合理的にも不合理にもなります。

同様に、旅行に行ったり、自動車を買ったりする場合にローンを利用するのは「今すぐ行きたい」とか「今すぐ車が欲しい」けど、今お金を持っていない場合にどうするかという判断になります。「やはり欲しい物は欲しい」といってコストを払っても借金するのか、「そのコストはムダだから我慢して貯めてから買おう」と考えるかは、やはりその人の考えかた次第です。

ただ、私は何でもかんでも借金をして手に入れるべき、というのは少し考えたほうが良いと思います。なぜなら人間の欲望には限りがないからです。欲しい物を手に入れてもまた新たに欲しい物が出てくる、そしてそれを繰り返していると、借金が膨れ上がってしまいかねないからです。

消費者金融はCMの中で「ご利用は計画的に」と言っていますが、そもそも利用すべきかどうかを先に考えるべきでしょう。

これだけは気を付けておくべき

それでも借金を利用しようというのであれば、それはその人の責任においてやれば良いのですが、その場合、これだけは気を付けておくべきということにふれておきたいと思います。

①金利の水準を考えておく

現在は表面金利だけを考えれば、ほぼゼロ金利に近い状況ですが、借金をする場合の金利は住宅ローン金利等を除けば、相変わらず高いままのものもあります。この理由は前述したとおりなので割愛しますが、それだけの金利を払う値打ちがあるかどうかをよく考えることが必要です。

業者は必ずしも暴利をむさぼっているわけではなく、彼らは彼らなりに合理的な水準で金利設定をしているのです。それを利用する価値があるかどうかを決めるのは借り手側であるわれわれです。

②宣伝文句に惑わされない

最近ではあまり見かけなくなりましたが、ひと頃は駅頭などでチラシとティッシュを配る消費者金融業者の姿がよくありました。そこで受取ったチラシを見ると、例えば「1万円借りても金利は1日たった5円」といった文言が目に付きます。

この数字だけを見て、「金利が安い」と思った人は、残念ながら金融リテラシーの低い人と言わざるを得ません。1日5円なら、1年間では5円×365日＝1825円となります。何と年利18・25％という高金利なのです。でもこういう表現の仕掛けは至るところにありますので、冷静に数字を捉えることが大切です。

③借金であることを忘れない

特に気を付けるべきなのがこれです。借金の中には借金であることをあまり感じさせないものがあります。典型的なのが「リボ払い」です。名前からしてローンとか借金というイメージではなく、何だか払いかたの一つのバリエーションであることを強調しているので、気軽に利用しがちですが、これはまぎれもなく高利の借金です。

リボ払いの問題点は、

1. 借入額が増えても毎月の返済額は変わらないため、借金しているという意識が薄れる。
2. その結果、知らず知らずのうちに借入額が増え、大きくなりがちである。
3. 借入額が増えると返済期間が長くなるため、返済完了までの利息の負担が激増する。
4. 返済総額がわかりにくいため、いかに多くの利息を払っているかが実感できなくなる。

といった点にあります。これは実に巧妙に人間の心理を突いた仕組みなので、実際にリボ払いがかさんで苦しんでいる人が多いのは事実です。

冒頭の話に戻りますが、借金が全面的に悪いわけではないものの、それをする必要があるのかどうかを感情ではなく、冷静に勘定して決めるべきです。

⑤ ライフプランシミュレーションを過信してはいけない

「ライフプランを考えること」と「ライフプランシミュレーションをすること」は違う

多くの企業において、社員の福利厚生策の一環として「ライフプランセミナー」が実施されています。ただ、このライフプランセミナー、名前は同じでも企業によってその中身はかなり違います。

例えば、定年後の生活や仕事を考えるためのヒントになるような情報を提供する、または今後の人生におけるお金の収支について学ぶ、といった内容であれば、これは文字どおり本来の「ライフプランセミナー」と言って良いのですが、中には単に「退職の手続案内」のようなものもあります。せいぜい「定年後の年金や健康保険の扱い程度の話しか出てこないセミナーもあります。まあ、それでもやらないよりはマシでしょうが、私は別にこんなセミナーを会社がやってくれなくても自分で将来のライフプランは考えるべきだと思います。

ところが、ＦＰの人などがライフプランを考えましょうということで提案してくるものの多くは「ライフプランシミュレーション」、もっと具体的に言えば、お金の収支を予測する「キャッシュフローシミュレーション」をやりましょうということなのです。（本稿では一般的に使われている「ライフプランシミュレーション」という言葉を使用します）

これは別に悪いことではありません。自分のライフプランを考える上での参考データとしてこうした資金収支のシミュレーションを行うことは、ある程度役に立つ情報になると言っても良いでしょう。

ところが多くの場合、これを作ることが目的化され、さらに悪いことに、そうやって作られたシミュレーションを絶対視してしまう傾向があります。私は、これはおおいに問題だと思っています。「ライフプランを考えること」と「ライフプランシミュレーションをする」ことは別なのです。

ライフプランを考えるというのは、「今後の生きかたを確かめる」ということです。自分と家族がこれからどんな人生を送りたいかを考えることなのです。

かつて保険会社の人などが「ライフプランシミュレーションをしてあげます」と言って、年収や貯蓄額、家族構成などを書かされ、それを基にシミュレーション結果を持ってきてくれるといったことがありました。たいがいは「このまま行くとあなたは○歳で貯《たくわ》えが底を尽きます。だから今のうちに保険に入っておきましょう」と言われることが多いものです。

要するにこれは営業ツールとして使われている側面が強いと考えるべきでしょう。これからのライフプランでどれぐらいお金がかかるかは、まさにその人の生きかたによって全く変わってきます。したがって、「自分と家族がどんな生活をしたいか」がわからない限り、ライフプランシミュレーションもできないはずです。

「ライフプランシミュレーション」で大切なことは？

とは言え、自分の望む生活をするには、経済的な裏付けが必要であることは事実ですから、今後の家計収支や資産収支は考えておくべきです。したがって、ライフプランシミュレーションをやってみることは決して悪いことではありません。ただ、大切なことは、金融機関やＦＰに任せきりにするのではなく、〝自分でやること！〟です。

なぜなら、今後どんな人生を送りたいかを一番よく知っているのは自分と家族だからです。それに、ライフプランシミュレーションなどというものは、別に金融機関やＦＰにお願いしなくても世の中にはいくらでも出回っており、誰でも自分でできるようになっています。

ただ、そのためには最低限、普段から家計簿を付けたり、社会保険の知識を持っていることが大切です。その辺りについては第３章で詳しくお話しします。

仮にＦＰに相談するにしても、自分で９割がた作った上で、必要なアドバイスを求めるにとどめるべきでしょう。その大前提を踏まえて、注意しておくべき点を三点挙げておきたいと思います。

三つの注意点

注意点① シミュレーションはざっくり。精緻なものは不要

シミュレーションというのは一定の条件を前提として数字を入れ、試算結果を導き出すものです。つまりここで言う「一定の条件」が変われば前提が変わってきますので、試算結果も変わります。人生においてはすべてが予定どおり行くわけではありません。うまく行く場合もそうでない場合もあるし、予想外のことはいくらでも起こり得ます。したがって、シミュレーションの結果を絶対視しないことが大切なのです。

ところが、時間をかけて精緻なものを作ってしまうと、苦労して作っただけに、それを絶対視しがちになってしまいます。だからあまり精緻なものは作らず、ざっくりとした適当なもので良いのです。

ライフプランにおいて絶対にやってはいけないことは、結果を絶対視することです。なぜなら、環境の変化に合わせて自分を取り巻く状況は変わっていくからです。したがって、シミュレーションは柔軟に変えていくことが大切だからこそ、適当でもかまわないのです。いや、むしろざっくりとやったほうが良いのです。

注意点②　自分一人で考えるのではなく、家族も一緒に考える

独身の人であれば、もちろん自分一人でかまわないのですが、家族がいる場合は、一緒に考えることが必須だと思います。特にパートナーの意向は極めて重要です。よくありがちなのは、定年後の生活について夫婦で意見が分かれることです。

これは夫婦といえども一人一人考えかたが違って当然ですから、やりたいことが違うのは致しかたありません。だからこそ、できるだけ早い時期からパートナーと話し合い、意見が合わなければどこまで折り合えるかをしっかり話し合うことが大切なのです。くれぐれも一人よがりでライフプランを考え、ライフプランシミュレーションを行うべきではありません。

注意点③　定期的に見直しをする

多くの人が勘違いしていますが、シミュレーションは決して未来予測ではありません。未来のことなんか誰にもわかるはずはありません。

では何のためにやるのかというと、その目的はプロジェクションにあります。プロジェクションとは「投影」ということです。現状を未来に向けて投影するということ

ですね。つまり、現時点の状況をそのまま将来に当てはめると、どんなことになるのだろうということを考えるのがプロジェクションなのです。したがって、自分を取り巻く状況が変わってくれば、見直しを行うことが大切なのです。

ところが、前述したように、あまりにも精緻なものを作ってしまうとなかなか見直すことができませんし、それ自体が面倒になってしまいます。だからこそざっくりと作り、定期的に見直すことが大切なのです。例えば、子供が医学部に行きたいと言い出し、医大に合格したということであれば教育費は大きく増えるでしょう。また、予想外の不況によってリストラで職を失うということがあるかもしれません。

逆に、親が亡くなったことで考えていなかった遺産を相続できたということもあり得ます。こうした経済的な状況の変化を考えると定期的に見直すことが必要なのです。理想を言えば年1回ぐらいは見直したほうが良いと思いますが、これもあまり頻繁にやると面倒くさいでしょうから3年に1度ぐらいでも十分だと思います。

繰り返しになりますが、「ライフプランを考えること」はとても大切ですが、その裏付けとなる「ライフプランシミュレーション」は過信してはいけません。ましてやそれを他人に任せるなどということは、絶対避けるべきでしょう。

第3章

不確実な未来にどう備えるべきか

2020年は今までわれわれが考えなかったようなリスクが世界を覆いつくしました。言うまでもなく新型コロナウイルスによる感染拡大と、それがもたらした経済の低迷です。多くの人が職を失い、経済的に困窮する人が増えました。これは未知のウイルスが引き起こしたことですから特定の誰かに明確な責任を問えるわけではありません。

しかしながら、これからもそういう未知のリスクに向き合っていかなければならないのです。つまり「不確実な未来」というのは、どこまで行ってもわれわれの前に横たわっているのです。そんな不確実な未来に向き合うため、われわれにできることは何か？　特にお金の問題に関してどう備えるべきなのかを考えるのがこの章です。

もちろん、リスクを完全になくすことはできませんが、本章で紹介していくような考えかたと行動によって、そのリスクをある程度コントロールすることは十分に可能です。

この章では、単に高収入を目指しましょうとか、節約しましょう、あるいは投資しましょうというステレオタイプな話ではなく、本質的に重要だけど、意外と知られていないこと、それほど猛烈に頑張らなくても、少し発想を変えればできることなどについて幅広くお話をしていきたいと思います。

(1) 最強の老後資産作りは「夫が家事と育児をやること」

生涯年収を考える

本節のタイトル「最強の老後資産作りは『夫が家事と育児をやること』」を見て「おや?」と思った人は多いと思います。なぜなら「老後資産作り」と「夫が家事をやる」というのは、一見すると何の関係もないように思えるからです。

このタイトルで言いたいことは「老後生活のための資産作りをするのであれば、夫婦で共働きが最強である」ということなのです。

ところが、それを実現するには、夫が家事や育児をしないと不可能です。結果として夫婦が「稼ぎ」も「家事・育児」も互いに協力しながらやっていくことが、これからの「不確実な将来」に備える最も合理的な方法であり、かつ、最も基本的な方法だというのが私の考えです。

夫婦共働きが最強であるのは三つの理由があります。

まず最大の理由は言うまでもなく「収入」それも「生涯年収」が大きく増えることです。「労働政策研究・研修機構」が２０１９年に出した資料（＊１）によれば、大卒で正規社員の場合、男性の生涯賃金は平均で約２億６千万円、女性では約２億１７００万円となっています。夫婦がともに正規社員で働いた場合と、夫一人が働いて妻が専業主婦になるケースと比べると2億円以上差がつくことになります。

これは大卒の場合ですが、高卒であっても、男性が２億１１００万円、女性は１億５０００万円ですから、合計すると3億６１００万円ですので、大卒の夫と専業主婦の妻という家庭よりも1億円以上多くなります。

この金額はいずれも退職金は含まれていませんし、60歳まで働いた場合の金額です。したがって、昨今のように60歳を過ぎても働くようになると、退職金も含めた総額の

＊１
「ユースフル労働統計 2019」（独立行政法人　労働政策研究・研修機構）
https://www.jil.go.jp/kokunai/statistics/kako/2019/documents/useful2019.pdf

差はさらに大きくなると考えるべきでしょう。

ここで重要なのは、妻も正社員で働くということです。昨今、夫婦共働きは増えていますが、多くの場合、妻はパート勤務で働くことが多く、夫の社会保険の被扶養者となるべく、あえて年収を一定金額以下に絞って働いていることが多いのです。

もちろん、俗に言う「103万円の壁」や「130万円の壁」（＊2）の水準ギリギリであれば、その範囲内に収めることが得かもしれませんが、次に述べる年金などのことも考慮すれば、「壁」など意識せず、大いに働いて稼ぐべきなのです。

今後はわが国でもますます女性活躍推進の流れが出てくるでしょうから、積極的に正社員として働くことを目指すべきだと思います。

年金にも大きな影響が…

二つ目の理由は年金です。夫婦で働く場合とそうでない場合は、将来受取る年金の金額にも大きな影響が出てくるのです。

厚生労働省が発表している令和2年度の年金額改訂によるモデル年金額は夫婦二人

＊2
年収が103万円を超えると、超えた額に対して自分で所得税を納めるようになります。また、「正社員が501人以上／収入が月88,000円以上／雇用期間が1年以上／所定労働時間が週20時間以上／学生ではない」の規模に当たらない範囲でパートやアルバイトをし、年収が106万円を超えると自分で国民年金と国民健康保険（社会保険）に加入することになり、ひと月あたり約3万円、年間にすると約36万円の社会保険料の負担になります。ただし、年収が130万円までなら配偶者の扶養範囲となります。

の場合で22万7２４円となっています。これは妻が専業主婦で夫が標準報酬月額43・9万円で40年間働いた場合の金額として計算されています。

では、単身者の場合はどうかと言えば、男性が約15万6千円、女性は12万7千円が平均となっています。したがって夫婦共働きの場合は、この金額を合計すれば28万3千円になります。妻が専業主婦の場合の22万7２４円と比較すれば、月額で6万円あまり増えることになります。

２０１9年に話題となった「年金２０００万円問題」は、65歳から30年間生活した場合に２０００万円足りないという計算をしていますが、もし夫婦で共働きの場合、その金額は専業主婦家庭に比べて２１６０万円増えることになりますから、何の問題もありません。

さらに60歳以降も働くことによって、厚生年金の加入年数が増えますから、当然、年金額も増えることになります。ただし、仮に60歳以降は非正規雇用で厚生年金に加入しない場合、年金額は増えませんが、その場合でもかなり収入は多くなります。

現在、60歳以降も働いている男女は多いのですが、総務省の国勢調査によれば、サラリーマンで60歳以降も働く場合、引退する年齢は男性が68・8歳、女性は66・２歳となっています。60歳以降に非正規、フルタイムで働いた場合、賃金の合計は男性の場合、退職金を含めると4000万円となっています（前述の統計より）。女性についてのデータは載っていませんが、そもそもの生涯年収が低いので退職金は男性よりもかなり少ないと考えるべきでしょうし、引退する年齢も男性より早いということを考慮すれば、男性の半分2000万円ぐらいではないかと推測します。それでも合計すれば6000万円ですから、かなりまとまった金額になりますので、「夫婦共働き」で「長く働く」のが最強の老後資産形成であることは間違いありません。

リスクコントロール

夫婦共働きが最強である三つ目の理由は「リスクコントロール」にあります。

今回のコロナ禍では、多くの飲食業や観光業が閉店や廃業に追い込まれました。私の知人の中にも解雇されてしまった人が何人もいます。つまり今回のような突発的な災いによって突然職を失うということは十分あり得る話なのです。「不確実な未来」ということが今回ほど実感できたことはなかったような気がします。

今後コロナの感染が収まったとしても、急に以前の経済活動に戻るかどうかは不明ですから、ここからさらに厳しい経営状況の企業や、破綻する商店は出てくるだろうと思います。そんな時代にあって、収入源が一か所しかないというのは、やはりリスクだと考えるべきでしょう。サラリーマンといえど、突然職を失うということは十分あり得る話です。

本章では、後ほど副業についてもふれますが、収入を一か所に限らないという意味で副業はとても重要でしょうが、やはり夫婦が別々の仕事を持つ、それも異なる業種や職種の仕事を持っていることが大切でしょう。仮にどちらかが解雇され、失業してしまったとしても、一方が働いていれば、その間、なんとか生活をしのぐことができるからです。その間に次の仕事を探せば良いのです。まさに「夫婦共働き」というのは最大のリスクコントロールであると言っても良いでしょう。

注意しておくべきこと

このように①生涯年収、②退職金や年金額、③リスクコントロールの面で夫婦共働きは最強と言えますが、生活というのは経済的な側面だけ考えれば良いというわけではありません。家事や育児の負担は共働き家庭にとって、決して軽視することができません。だからこそ本節のタイトルにあるように、「夫が家事や育児をすること」は極めて重要なことなのです。

私個人の意見としては、子育てへの国からの支援を今よりも手厚くすることが必要だろうと思います。少子化が進む背景はさまざまですが、子供を育てることの経済的な面や精神的な面での負担が大きいということも、間違いなくその一因となっているからです。

さらに注意しておくべきことは、支出の増加です。共働きをすることによって、保育園をはじめ、さまざまな社会的コストの負担は増大します。それに共働きの場合、毎月のキャッシュフローは比較的潤沢になるため、支出が甘くなりがちになるということもあるでしょう。

ただ、一方では同じ年収を稼いだ場合でも、一人で稼ぐのと二人で稼ぐ合計で言えば、税金が少なくなる分、二人で稼ぐほうが手取り金額は増えます。大事なことはしっかりと稼ぐ以上に支出の管理をきちんと行うことでしょう。

②

社会保険は本当に大切

税は知っているけど、社会保険は知らない

みなさんは社会保険について考えたことがありますか？　給与明細を見ても所得税とか住民税の項目を見て「あー、ずいぶんたくさん税金を取られているんだなぁ」と思うことはあっても、社会保険の金額をしっかりと見たことはないのではありませんか？　でも、われわれは思った以上に社会保険料を負担しているのです。

例えば２０１９年度で見てみると、わが国全体での税収は62兆５千億円ぐらいですが、社会保険料収入はそれを上回る70兆２千億円にもなります。

社会保険というのは一体何でしょう？「保険」という名前が付いていることからわかるように、これは人生において起こり得る、さまざまな不幸に備えるためにみんなで保険料を納め、不幸な目に遭ってしまった人を助けてあげるための仕組みです。それを一つの保険会社で行うのではなく、社会全体で行うのが「社会保険」なのです。

具体的には病気になったり、高齢になって働けなくなったり、あるいは仕事上での災害や何らかの理由での失業、そして高齢期に介護が必要となった時等々、不幸な事態に対して社会全体で援助してもらえる仕組みが社会保険なのです。

社会保険の考えかたをひと言で言えば「相互扶助」です。別な言いかたをすれば、「一人は万人のために、万人は一人のために」という理念であり、この理念に基づいて、誰もがいつ遭遇するかわからない不幸な事態に備えてみんなでお金を出し合い、ともに助け合うという制度です。そのみんなで出し合うお金が「社会保険料」なのです。

こう考えていくと、「税金」とは少し考えかたが異なります。

税金というのは一人一人がお金を出してサービスを受けるよりも、国や自治体が運営したほうが効率的なことにお金を使うものです。具体的には警察や消防、あるいは国防もそうでしょう。また、道路を作ったり橋を作ったり、先ほどの社会保険でカバーされる給付の事務を行ったりするのも、全部自分一人でできるわけがありません。だからみんなで負担した税金を使ってこうしたことを実行するのが税の目的なのです。

したがって、税金の場合は、出したお金がどのように使われるのか直接的にはわかりません。もちろん一部には特定の目的のために創設された税金もあります。震災後の「復興特別所得税」などがそうですし、かつては「自動車税」なども道路特定財源として道路建設や整備に使われていた時代がありました。しかしながら、多くの税は普通税として目的を限定せず、さまざまな目的に使われています。

これに対して社会保険はすべて特定の目的のために徴収され、使われています。

社会保険にはどんな種類があるのか？

ではどんな目的のために社会保険があるのでしょうか？ 大きく分けると次の五つです。

①医療保険　②年金保険　③介護保険　④雇用保険　⑤労災保険

医療保険とは、サラリーマンの場合は健康保険、自営業等の場合は国民健康保険という制度があり、病気をした時に医療費が賄われるようになっているものです。

よく、勘違いして民間の保険会社の医療保険に入っていないと病気になった時に困ると思っている人がいますが、民間保険会社の医療保険は治療費を出すわけではなく、入院時の食事代や個室に移りたい場合の差額ベッド料など、公的医療保険では賄えない部分の費用をカバーするのが目的です。

実際にわが国で民間保険会社の医療保険が全面的に自由化されたのは2001年ですが、それまでに病気をした人は治療費を払えなかったのかというと、そんなことはありません。日本は国民皆保険ですから、まずは公的な医療保険と、それにまつわるさまざまな制度を活用するのが基本です。

年金保険は第2章でも少し詳しくお話ししましたので、ここでは簡単にふれるにとどめますが、将来、歳を取って働けなくなった時の生活費を死ぬまで賄うというのが年金保険の大きな役割です。

同じように介護保険も将来、要介護状態になった場合に経済的負担を軽減するためのもので、社会の高齢化に対応していくために2000年から施行された社会保険制度です。この制度がなかった時代の本人や家族の経済的、肉体的な負担を考えると、まさに必要とされる制度と言うべきでしょう。

雇用保険はよく知られた社会保険です。何らかの理由で失業し、かつ働く意思のある人に対して職を得るまでの間、生活の安定と就業支援をするための制度です。金銭的な援助である「失業給付」だけでなく、さまざまな職業訓練に対する給付支援も行われています。

労災保険とは、仕事の最中や通勤途中で何らかの事故や災害に遭い、負傷・疾病・障害を負った場合、そして死亡した場合は遺族のために、必要な保険給付を行う制度です。

もちろん、これらの保険に付随してさまざまな給付が受けられる制度はありますが、大ざっぱにはこれぐらいの区別がわかっていれば良いでしょう。

なぜ、社会保険を知っておくことが大切なのか？

社会保険の役割を知り、その使いかたを理解しておくことはとても大切です。なぜならそれによって、民間のムダな保険に入る必要がなくなり、ムダな支出をやめることができるからです。

私自身の経験で言えば、40代の始めに仕事の必要上、ファイナンシャルプランナー（FP）の資格を取得しました。その時に社会保険の種類や仕組みを知り、自分の年齢や家族の状況で考えると、生命保険や医療保険はほとんど不要だということがわかりましたので、それまでに入っていた保険はすべて解約しました。おかげでそれまで払っていた保険料を貯蓄や投資に回すことができたため、その後の生活には非常に役に立ちました。

前にもお話しましたが、世の中には不安煽り型の記事や営業が溢れています。得体の知れない不安感から意味のない保険料を払い続けるのではなく、社会保険でどこまでカバーされるのかをしっかりと知った上で、それでもさらに保障が必要であると判断すれば、そこで民間の保険に入れば良いのです。

ところが、「生活が苦しくて貯蓄ができない」ということで、ＦＰのところへ相談に来る方のお話を聞いてみると、毎月の保険に何万円も払っているというケースがよくあるそうです。これは全く本末転倒な話だろうと思います。意味のない保険料を払うぐらいなら、その分は貯蓄に回すべきです。

そもそも民間の保険に比べて社会保険のほうがはるかに有利にできています。その理由は第２章第３節（↓０８５ページ）でもお話しましたが、一つは社会保険というのは収益を上げることを目的にしていないこと、もう一つは国から税金が投入されていることです。

このため、保険料が民間の保険に比べると相当安いのです。例えば、医療保険一つを考えても、社会保険の場合は高齢になればなるほど本人負担が軽くなります。でも本来なら歳を取るに連れて病気のリスクは高まるわけですから、保険料も高くなるのは当たり前です。民間の医療保険はそうなっています。

ところが社会保険は前述のように税金が投入されているため、高齢になるほど本人負担が軽くなるというしくみになっているのです。これが社会保険の非常に優れたところです。

もちろん社会保険だけですべてのリスクをカバーできるわけではありませんから、補助的には民間の保険を活用することが必要な場合もあるかもしれませんし、次節で詳しく説明しますが、歳を取るにつれ大切なことは、できるだけ現金を持っておくことです。そのためにも社会保険はフルに活用し、あまり意味のない保険に過剰にお金を注ぎ込まないようにすることが大切です。

どうすれば社会保険を知ることができるか

具体的に社会保険にはどのようなものがあり、どうすればそこからの給付を受けられるのかを考えてみましょう。

社会保険の分野としては前述した五つが大きな枠組みですが、他にも「社会保障給付」というのは実に多くの種類があります。それらの一つ一つをすべて勉強して知っておくことは、社会保険労務士の試験を受けるのであればともかく、普通の人にとっては複雑過ぎて難しいだろうと思います。

そこで私がお勧めするのは手元に社会保険の一覧がわかるような本（＊3）を置いておき、何か困ったことがあったら、あるいはそういうことが起こりそうだったら、手元の本をめくってみて、該当しそうな給付があるかどうかを調べることです。

ただ、そういう本には詳しい手続までは書いてありませんから、具体的な申請方法やルールを知るには、自分の住む市町村の窓口や、年金の場合は近くの「年金事務所」か「街角の年金相談センター」に出かけることです。

社会保険の原則は自分で申請することです。申請しなければ給付を受けることができません。知らないために本来なら国からもらえるお金を放棄している人は、きっとたくさんいるだろうと思います。社会保険は本当に大切なものですので、しっかりと知っておいてください。

（＊3）
井戸美枝『届け出だけでもらえるお金』（プレジデント社）
小泉正典・西岡佳誉子ほか『SurpriseBook 社会保障一覧表 2020年度版』（アントレックス）［毎年改訂されます］

(3)

老後は「保険」よりも「現金」が大事

老後の三分法とは何か？

先行きが不確実になりつつある現在、老後の生活に備えるのは、とても重要であることは言うまでもありません。ただ、多くの人は「不安」だけが先に立ってしまい、あまり冷静に考えません。その結果、間違ったお金の使いかたをしているケースが頻繁に見られます。

第2章第1節（↓068ページ）でお話したように、60歳を過ぎても生命保険に入り

図5　老後の三分法

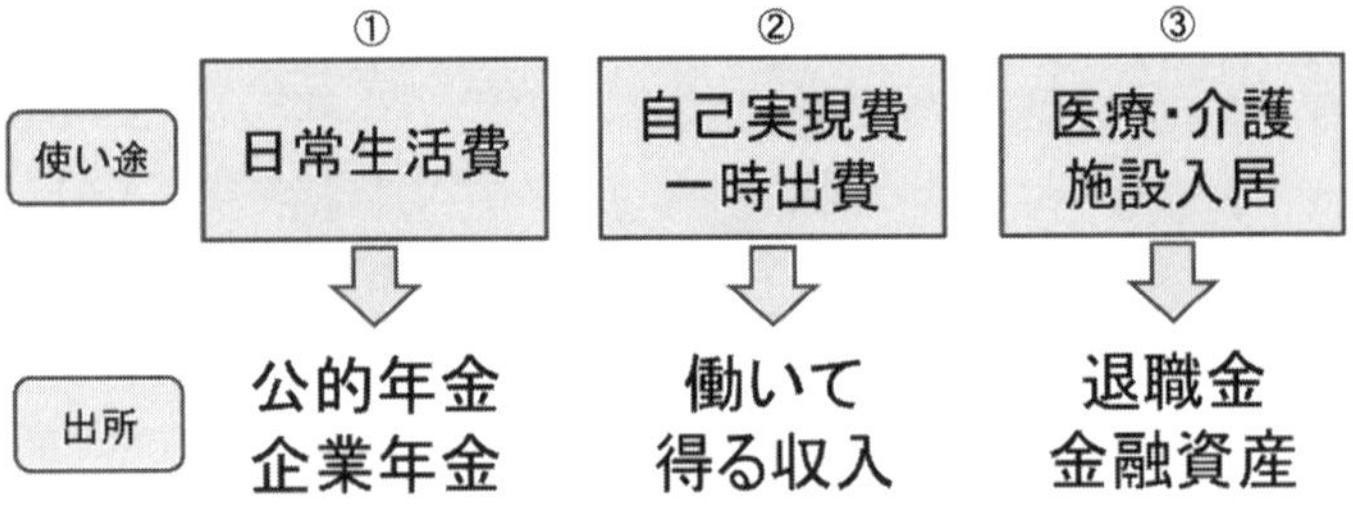

続けていることなどはその典型なのですが、「不安だ！」と恐れる前に少し冷静になって老後の収入と支出について考えてみるべきではないかと思います。

私は、最近「老後の三分法」ということをあちこちでよく話します。一般的に「三分法」と言えば、「資産の三分法」のことで、自分の財産は「現金・預金」、「有価証券」、「不動産」の三つに分けておくべきだと言われています。

でも現実に多くのサラリーマンの資産の大半は自宅不動産ですから、三分法と言っても非現実的です。自分の財産を三つに分けなさいというのは、よほどの資産家の話と言っても良いでしょう。

私が提唱する三分法というのは「資産の三分法」ではなく、老後にかかる費用と、それを賄うための財源を三つに分けておくことです。つまり使い途《みち》と、そのお金の出所を整理しておくべきだということなのです。

一般的に老後にかかるお金というのは、いろいろな分けかたがありますが、私自身、自分の経験から三つに分類しています。

一つ目は「日常生活費」、二つ目が「自己実現費と一時出費」、三つ目が「医療・介護等費用」です。（図5）

このように、それぞれ性質の異なる支出を賄うためのお金の出所は別々に考えておくのです。具体的に言うと、

①日常生活費を賄うのは公的年金と企業年金
②自己実現費と一時出費を賄うのが60歳以降に働いて得る収入
③医療・介護等費用の原資を退職金や自分が持っている金融資産で賄うようにする

ということです。では具体的に一つ一つ見ていきましょう。

それぞれの支出をどう賄うか?

この三つの支出の中で必ず発生するのが、①日常生活費です。公的年金は終身給付ですから死ぬまで受取ることができます。実際の金額を見てみると、高齢夫婦無職世帯の消費支出は令和元年度で月額23万9947円です。

一方、収入は23万7659円ですから、支出と収入はほぼ同じぐらいになっています。（＊4）高齢で無職の世帯ですから、収入のほぼすべては公的年金ということになります。したがって、一部の例外的な人を除けば、サラリーマンの場合は公的年金で日常生活を賄うことはほぼ可能です。実際に私自身、定年を迎えて9年になりますが、現状、夫婦二人での日常生活費はだいたい月に22万円ぐらいで収まっています。

次に②自己実現費・一時出費ですが、自己実現費というのは旅行に行ったり、外へ食事に出かけたり、あるいは自分の趣味にお金を使ったりと、言ってみれば楽しいことに使うお金です。

これはある程度自分でコントロールすることができますが、長い間働いてきたのは、

＊4
令和元年度家計調査報告（総務省統計局）
https://www.stat.go.jp/data/kakei/sokuhou/tsuki/pdf/fies_gaikyo2019.pdf

リタイアした後にこういう楽しいことをするためだったのですから、これをあまり削減し過ぎるのは良くないと思います。

また、一時出費は家のリフォームや車の買い換え、子供の結婚資金援助などが主なものですから、すべての人に必要というわけではありません。それにライフスタイルや生活の嗜好によって、この出費の中身は変わってきますから、誰にとっても一律ではないということは知っておくべきでしょう。

私はこうした出費を賄うのは、60歳以降に働いて稼ぐお金で賄うべきではないかと思っています。仮に月に10万円の収入で働いたとしても、年間だと120万円になります。旅行や食事、趣味に使うお金としてこれぐらいあれば、十分と言えるのではないでしょうか。それに楽しいことをするために働くというのであれば、働く意欲も出ようというものです。

人によっては、勤めている会社に「企業年金」という制度が存在する場合もあります。金額は人によってそれぞれ異なるでしょうが、もしそれがあるなら、①の日常生活費や②の自己実現費・一時出費を賄うために、この企業年金を充てることもできるでしょう。

不確実な支出は確実な原資で賄うべし

さて、三番目の支出、③医療・介護等費用です。前の二つとの大きな違いは、この支出だけは自分でコントロールすることができないということです。

将来、病気になるかどうかは誰もわかりません。同じように自分が要介護状態になるか、あるいは最後は高齢者施設へ入居することになるか等々、いずれも今の時点ではわからないことだらけです。しかも、仮に医療や介護の費用が発生したとしても、その金額がどれぐらいになるかは不確実です。

ただ、医療だけは高額療養費制度がありますし、この制度は高齢になるほど本人負担が少なくなる（民間の保険とは逆です）ようになっていますから良いでしょうが、介護の場合はどれぐらいの期間になるのかわかりませんし、ひょっとしたら認知症になる可能性だってあります。もちろん、これらの費用が一切必要ない場合もあります。

つまり、場合によっては老後の支出の中で最大かつ最も不確実なものが、この「医療・介護等費用」なのです。

したがって、私はサラリーマンの退職金や、自分でこれまでに蓄えてきた、ある程度まとまったお金があるのなら、これらの費用を賄うにはそれを充てるべきだと思っています。なぜなら、「不確実な支出だからこそ、今、手元にある確実なお金で賄うべきだ」と思うからです。

ところが、評論家やFPの中には「退職金を運用して増やしましょう」とか「退職金は取り崩しながら運用すべきです」という人達もいます。私はこの考えには反対です。前にも述べたように、投資や資産運用というのは結果が不確実なものです。若いうちに将来に備えて投資をするのであればそれは大切なことですが、60歳になり、人生の後半戦に入ってから、将来のリスクである病気や介護に備える原資を運用のリスクにさらすべきではないと考えるからです。

老後はできるだけ現金を持っておくべし

さらに「病気や介護のリスクには保険で備えるべきだ」という人もいますが、この考えにも私は反対です。第2章第1節（↓068ページ）でお話ししたように保険の本質というのは「自分の蓄えで賄えないような巨額の支出というリスク」に対応するものです。したがって、子供が大きくなって独立した後の巨額の生命保険は不要ですし、医療保険にしても高齢化することで病気のリスクが高まる分、保険料は高くなります。

ところが、前述のように公的な制度である高額療養費制度を使えば、自分で賄えないほど巨額の支払いが生じるわけではありません。介護の場合も同様です。したがって、必要なのは自分で賄えるお金をある程度持っておくことです。

保険というのは滅多に起こらないけれど、もし起こったらとても自分のお金では賄えない場合に入るものですから、ほとんどの場合は掛け捨てになるのは当然なのです。したがって、保険に入り過ぎるというのはお金のムダであって、そんなお金があるのなら、それは貯金にしておくべきでしょう。

老後に大切なのは「保険」ではなくて「現金」なのです。

④ 副業はできるならやるべし

サラリーマンにとってのパラダイム変化

サラリーマンにとって、仕事とは「会社に仕えるもの」です。学校を出てから定年を迎えるまでのほぼ40年近くを、仕える先は変わっても〝会社の仕事〟をこなすことがすべてだったと言って良いでしょう。そんな時代の中で「副業」を行うということはどこか会社に隠れてこっそりやるもの、というイメージが強かったことは事実です。

そもそも、多くの会社において副業は禁止されていました。「そんな余裕があるのなら会社の仕事にもっと精を出せ」とか、「会社の機密について情報漏洩のリスクがある」といったことがその理由でした。

ところが、2019年の3月に「モデル就業規則」の改正が厚生労働省から発表されたことによって、それまでは原則禁止であった副業が会社に事前に届出を行うことで可能となりました。この背景にあるのは「働き方改革」で、この改正はそうした社会の状況に合わせ、明らかに副業容認へと舵を切ったと言えます。

しかしながら、これによって副業を認める会社は増えつつあるものの、まだ全体では3割強に過ぎない（＊5）のが現状です。さらに一方では、企業側の考えかただけではなく、社員の側にもまだ保守的な傾向が見られます。

私もさまざまな企業で50代の社員に向けたライフプランセミナーでお話をすることがありますが、そんな時、社員のみなさんの声を聞くと「兼業・副業は認められたけど、そんなことをしていたら会社から評価を下げられるのではないか」とか「会社の仕事だけで手一杯なのに、退社後も副業をやっていたら、とても身体が持たない」といった意見も多いからです。

＊5
「兼業・副業に対する企業の意識調査」（2019） 株式会社リクルートキャリア
https://www.recruitcareer.co.jp/news/20200324fk7so.pdf

社員のみなさんのそういう気持ちもわからないではないですが、せっかく副業を認めてくれたのであれば、それは積極的に活用すべきだと思います。

5年ほど前に出版され、ベストセラーになった『ライフ・シフト』（＊6）という本があります。この本の副題は「100年時代の人生戦略」というもので、「人生100年時代」という言葉が流行り出したのは、この本がきっかけになったと言って良いでしょう。

この本が主張していることは単に「長生きするから頑張れ」ということではなく、100年という長い期間を考えると、その間に何度かシフトチェンジをすべきだと私は解釈しています。つまり年齢には関係なく、人生においては何度かパラダイムチェンジ（根本的転換）をすべきではないかということなのです。

そう考えていくと、「副業」というのはサラリーマンにとってはまさにパラダイムを変えるきっかけになるのではないだろうかと思っています。

まして、不確実な未来に向けて収入の多様化というのは必須であり、そういう観点からも副業はできればやったほうが良いと言えるでしょう。

＊6
リンダ グラットン・アンドリュー スコット『LIFE SHIFT(ライフ・シフト)』東洋経済新報社（2016年）

私が副業を勧める三つの理由

私が副業を勧める最大の理由は、「収入を多様化しておく」ことによって、コロナ禍のような突発的な事態が起きても、あるいは勤めている会社の業績が悪化してリストラに見舞われるといったことになっても生活を維持できる可能性が高いからですが、より強固な多様化は、本章の第1節でもお話した夫婦で別々に稼ぐことでしょう。

しかしながら、リスク管理としての「収入の多様化」という目的以外にも副業をすることでいくつものメリットが出てきます。

①自分の好きなことができる

会社の仕事が自分の好きなことと全くイコールであれば、こんな幸せなことはありませんが、多くの場合、そういう人は稀でしょう。嫌いな仕事とまでは言わないにせよ、指示されたことが気に入らなくても、ある程度の義務感でやらざるを得ません。

ところが、副業の場合は必ずしも嫌な仕事をする必要はありません。いや、必ずしもどころか、本当に自分の好きなことだけを仕事にすれば良いのです。

例えば自分の趣味を何らかの方法でマネタイズできないだろうかと考えるだけでも楽しいものです。

私の本業は「経済コラムニスト」ですから、経済をテーマとした執筆や講演活動を行っていますが、一方では京都のことを研究したり、京都へ行ったりするのが好きで、京都商工会議所が主催する「京都観光文化検定」の一級資格を持っています。そんな趣味を生かして今までに何十回も「おとなの京都講座」とか「お一人様の京都」というセミナーを開催しましたし、最近ではお隣の滋賀の文化や観光にも興味を持ち、積極的に出かけるとともに「おとなが楽しむ近江路」というセミナーも開催しています。

②定年後に向けた準備となる

副業をやることのメリットの二つ目は、それをやることで定年後に向けた準備ができるということです。もちろんどんな種類の副業なのかによって変わってきますが、在職中は副業としてやってきたことが、定年後に本業に変わるということは十分にあり得ます。

前述したように副業の多くは「自分がやりたいこと」、「自分の好きなこと」ですから、それがそのまま定年後の仕事として続けられるのであれば、こんな幸せなことはありません。

現実に私の知人でも会社に申請をして、本業の知見を生かしたコンサルティングの仕事をしている人がいますが、彼は定年後も続けて今の副業をやり続けたいと言っています。

少なくとも定年後も同じ会社で再雇用を続けるというパターン化された働きかたよりもはるかに生き生きとして働けるのではないでしょうか。

③新しい人脈ができる

会社以外の仕事を副業としてやることによって、それまでになかった新しい人脈ができることも大きなメリットと言えるでしょう。

基本的にサラリーマンの多くは人脈と言っても社内の人しかいません。もちろん営業関係であれば、社外に知り合いは多くなりますが、そのほとんどは顧客ですから「人脈」と言うには必ずしもふさわしくありません。

広報とか購買部門であれば、外部との接触もありますが、いずれもこちらが依頼される立場ですからフラットな関係にはなり得ません。

ところが副業をやっていく中で、従来とは全く異なる分野の知り合いができ、場合によってはビジネスパートナー化することもあります。

それにもし仮に副業自体がそれほどうまくいかなかったとしても、それによって知り得た人脈が今後の新しい仕事につながるということもあります。

私自身、現役時代の最後は、証券会社とは言っても全く畑違いの年金にかかわる分野でしたので、それまでとは全く異なる分野の人と多く知り合いになりました。

また、外部から講演の依頼や取材の依頼もありましたが、それで得た報酬はすべて会社に納め、自分のポケットには入れませんでしたから、副業とは言えませんでしたが、それでも日常業務とは全く違った仕事を一定割合でやっていたことは確かです。

そして、その頃の人脈が定年後の仕事につながったケースもたくさんあります。

具体的にどんな副業をやれば良いか

このように副業がもたらすメリットというのは想像以上に大きいのですが、具体的にはどんな副業があるのでしょうか。これは実にさまざまですから定型化された副業などというものはありません。とにかく、自分の好きなこと、やりたいことであれば、それが収入に結びつかないだろうか、ということを考えるべきです。

比較的多いと思われるのは、自宅でもできる仕事としてデータ入力やアンケートモニターなど。文章を書くのが好きならＷＥＢでのライターとか、いきなりではハードルが高いのであれば、ブログを書いてアフィリエイトで収入を得る方法もあります。

昔と違い、今は誰でも自分で情報発信ができる時代ですので、ブロガーとして活躍しているうちに自身で書籍の出版までした人もそれなりにたくさんいます。最近であれば YouTube も副業としては面白いでしょう。

このように、副業は自分のやりたいことであれば、何をやっても良いのが大きなメリットです。

ただ、一つ気を付けておきたいのは、自分の勤め先で「兼業・副業」が認められていること、そして就業規則において兼業できる職種や職業に制限がないかどうかも確認しておくことが重要です。同業の兼業は認められることはまずないでしょうから、今の仕事の知見を生かしてやりたい仕事があったとしても実現できない可能性があります。やはり会社にはきちんと申請をした上で認められなければ難しいと考えるべきでしょう。

また、税金に関しても給与所得とは別に副業による所得が年間20万円を超えた場合は、確定申告をしないといけません。副業がうまく行けば年間20万円などという金額はあっという間に超えてしまいます。うっかりして申告漏れや脱税してしまうと、それはそれで社会的な信用を失いかねませんので、十分注意が必要です。

会社の業務として働くのが生活のためであるとすれば、副業は楽しんで働くためのものです。ですから、固定観念にとらわれず、意外なところで収入化できるものがあるかもしれません。それを考えるのもまた、副業の楽しみといって良いのではないでしょうか。

⑤ 自分にケチでも他人には気前よく

自己投資にお金をかけ過ぎてはいけない

若いうちは自己投資をやりなさい、ということをよく言われます。このこと自体、別に間違っているわけではありません。不確実な未来に備えるためにはどんな世の中になっても、あるいは、どんな状況に置かれても自分自身の力で稼げることが一番大事で、自分自身に実力を付けることはとても大切だからです。

ただ、実力を付けるためにやたら本を読んだり、セミナーに出たりしても実はあまり効果はないのです。

ところが、中には自己投資や自己啓発にお金をかけ過ぎる人がいます。とにかく何でも資格を取りたがる、自己啓発本を読みあさり、自己啓発セミナーや営業セミナーにも頻繁に出かけて行く、といった人達です。

こういう人達は恐らく「自分は将来のために自己投資をやっている」というつもりなのでしょうが、私自身の経験から言えば、人から教えてもらう自己啓発は役に立たないし、明確な目的を持って取得する資格以外は、あまり意味がないと言って良いでしょう。

自分自身のスキルアップや営業力の向上というのは、自分が血反吐を吐いても這いずり回って自分の体験で身に付けるしかない、というのが40年間、営業の第一線でやってきた私の実感です。

ところが、自己啓発が好きな人はたくさんいるようで、書籍もそういう類いのものはよく売れていますし、セミナーも繁盛しています。したがってそれを商売にする人達もたくさんいて、びっくりするような高額のセミナーも開催されていますし、行った人に話を聞いてみると、結構たくさんの人が参加しているようです。

もちろん自分のお金で何をしようが一向にかまいませんが、私は自己投資にお金をかけるよりも、人にもっとお金をかけるべきだと思っています。

人にお金をかけるとは？

「人にお金をかける」というのは一体どういうことなのでしょう。それは別に他人におごってあげなさいということではありません。もちろんそういうことがあっても良いのですが、もっと大切なことは「人に対して何か役に立つことをしてあげる」、その結果「その人とのつながりを強くする」ということです。

人のために無償で何かをしてあげるのであれば、当然コストはかかりますし、それは自分で負担をしなければなりません。それが「人にお金をかける」ということなのです。その理由は一体どうしてなのでしょう。

ことわざに「情けは人のためならず」というのがあります。これは「人に情けをかけるとその人のためにならない」と解釈している人もいるようですが、正しくは、みなさんもご存じのように「人のために何かをしてあげると、それはいつか必ず自分にプラスになって戻ってくる」という意味です。

この考えかたを精神論で語るのではなく、プラグマティック（実際的）に語ったのが「人にお金をかける」ということなのです。

対価をもらうことなく、人に何かをしてあげるということは貴重な自分の時間を無償で提供することになりますから、「お金をかける」ことに他なりません。

ここで言う「何かをしてあげる」のは別に労働ということだけではなく、「役に立つことを教えてあげる」、「誰か必要な人を紹介してあげる」、「相手が知らない情報を知らせてあげる」等々、日常生活の中ではいくらでもあります。そういうことを普段の生活の中でこまめにやっていくことのほうが、自己投資に時間やお金をかけるよりも将来、ずっと役に立ちます。

お金を稼ぐということは、すべからく人との関係においてしか成り立ち得ません。自己投資や自己啓発によって「自分はこんなにできる人間になったのだ！」と言っても、それに対して他人がお金を払ってくれないことには意味がないからです。単なる自己満足で終わってしまいます。

常に他人が求めていることは何か？　それに対して自分として何かできることはないか？　ということを考え、実行し続けることが大切なのです。

私は60歳を過ぎて起業しましたが、定年起業に関する本も書いています。その中で私は「定年起業で一番大切なことはギブ&テイクではなく、ギブファーストを貫くことだ」と主張しています。そう、ギブファーストとは、まさに人にお金をかけることなのです。

自己投資ということで言えば、資格取得も自己投資の一つですが、資格というものは取っただけでは何の意味もありません。稼ぐために必要なのは「資格」ではなくて「顧客」だからです。

自己啓発や資格取得で「自分にはこんなことができる」と思っているだけでは全く意味がありません。そんな資格などなくても、人に対して何かしてあげることで「あの人はこんなことができる」「あの人に頼めば、こういうことで役に立つ」と思われること、信頼されることが一番大切なのです。

貯金は、いつかおろせる

私が常に頭の片隅に置いている言葉があります。それは「ツケは、いつかは払わされる、貯金は、いつかおろせる」というものです。ツケというのは「借り」と言い換えても良いでしょう。すなわち人に何かやってもらったことを指します。一方、貯金とは「貸し」であって、人に何かをやってあげたことの積み重ねです。つまり、人に何かをしてもらった場合は必ずお返しをすべきだし、人に何かをしてあげたことはすぐに返ってこなくても、いずれは何らかのプラスになるということなのです。

こういうことを言うと、何だか精神論のように聞こえます。なぜならサラリーマンだとこの感覚がなかなか理解できないからです。サラリーマンは給料をもらうのが仕事だからやるのが当然と思って仕事をしています。したがって、誰かのために無償で行うのはボランティアであって仕事ではないと思いがちです。でも自営業やフリーランスの人なら、この感覚は理解できるでしょう。

別な言いかたをすれば、人に何かをしてあげるのは「投資」だとも言えるからです。預金と違って、確実に戻ってくる保証はないけど、大きな見返りがあるかもしれない。

ただ、コツコツと投資を続けていれば、どこかで必ずリターンを得られるということです。

事実、私もサラリーマン時代はこんな考えはみじんもありませんでしたが、退職して起業し、自分でビジネスをやるようになって、「人にお金をかける」ことの大切さをつくづく感じました。

というのは、私自身起業して1～2年、仕事らしい仕事はほとんどありませんでしたが、3年目あたりからぼつぼつと仕事が入ってくるようになりました。それらの仕事のきっかけは、何も仕事がなかった退職後の1～2年の間に知り合った人や何かをしてあげた人のつながりを通じて舞い込んできたものだったのです。

私は定年後に、自分の意思で自営を選んで仕事を始めましたが、これからの時代、いつ何時、組織を離れて一人で仕事を始めなければならなくなるということが起きるかもしれません。そんな時に大事なのは自分が持っている資格ではなく、自分の「人脈」と「信用」なのです。

「本を読む」「人と会う」「旅をする」

立命館アジア太平洋大学学長の出口治明さんは、「人間が賢くなるために必要なことは、『たくさんの本を読む』、『たくさんの人と会う』、『たくさんの旅をする』という三つのことだ」と言います。私もこの考えかたには賛成ですが、中でも私は「人と会うことと旅をすること」に重点を置くべきだと考えています。

本を読むことは知識を得るためにはとても大切ですが、それだけでは頭でっかちになってしまいます。セミナーも同様です。自己啓発や自己投資の好きな人はどうしても本やセミナーに偏りがちになってしまうのです。本を出したり、セミナーをやったりしている私が言うのも変ですが、これは事実です。

旅をするというのは文字どおり旅行に行くという意味だけではなく、実際に自分が現場に出て体験するということです。そこに行かなければ、自分で体験してみないと本だけではわからないことがたくさんあるからこそ、旅をすることがとても大切なのです。本を読む目的が知識を得ることだとすれば、旅をする目的は判断力を磨くことだと思います。

そして人と会うことは、ビジネスを行う上で〝センスを磨くこと〟に他ならないと思っています。たくさんの人に会うことによって、人の気持ちを理解し、相手が望むことを知る。そして、その望んでいることが自分にできることであればしてあげる。それを繰り返すことで「信用」が貯まっていくのです。

信用が貯まると必ず仕事はやってきます。だって会社でもよくできる人のところに仕事がどんどん集中するという経験をしたことはありませんか？　それはその人の仕事力が信用されているからなのです。自営でもフリーランスでも同じこと、いや、自営だからこそ信用が何よりも大切なのです。

不確実な将来に備えるためには、いくら自己投資や自己啓発をしても、それだけでは意味がありません。人に何かをしてあげることで、人とのつながりを強くし、信用を積み重ねていくことこそが大事です。自分にはケチでも良いから人には気前よくしてあげるべきです。

⑥

将来に備えて投資はすべきか？

投資の前にやるべきことがある

わが国では、長い間「貯蓄から投資へ」と言われ続けてきましたが、相変わらず投資への流れはあまり進んでいないようです。でも現実に金融庁をはじめ、金融機関、そしてＦＰの人達に至るまで「もっと投資をしよう」という大合唱が続いています。でもこの30年ほどの間、日本は長い期間にわたってデフレが続いていたので、「投資をしない」ということは、必ずしも不合理な選択ではありませんでした。預金のまま置いていたとしても、物価上昇によるお金の価値が目減りすることはほとんどなかったからです。ただ、今後はどうなるかわかりません。そうなるとやはり「投資」も不確実な将来に備えるための選択肢と言えるかもしれません。

私の結論を言いますと、やはり投資はやらないよりは、やったほうが良いと思います。なぜなら自分の将来の経済状態は不確実だからです。もちろん投資の結果も不確実です。でもこれは、本書でも何度もお話したように、結果が不確実（リスクが高い）からこそ、高い収益（リターンが高い）が見込めるのです。

いずれにしても将来が不確実であることから逃られないわけですから、不確実だけれども、一定割合のお金を高い利益が期待できる投資に回すことは合理的な考えかただと思います。

ただ、私は何も考えずに、とにかく投資をやりなさいという考えかたには反対です。投資を始める前にやるべきことがあります。

今までに投資をしたことがないけれど、やってみようかと考える人に、私から四つの「やるべきこと」をお話したいと思います。

やるべきこと①：年収の1年分を貯金しておくこと

全く蓄えがないのにいきなり投資を始めるのはやめたほうが良いと思います。

よく「まとまったお金で投資を始めようと思ったら、いつまで経っても始められないから、まずは少額でも積立てで始めることが大事だ」ということを言う人がいます。このうち、後半の〝少額でも積立てで始めることが大事だ〟という部分はそのとおりです。でも全く蓄えのない状況で、たとえ少額とは言え、投資を始めるのはあまりお勧めしません。

なぜなら、景気の大きな変動というのは今までに何度もありましたし、これからも必ず起こると考えるべきだからです。

古くはバブル崩壊やリーマンショック、それらに加えて、コロナ禍のような経済以外の要因が経済に大きな打撃を与えることも今後は考えておかなければなりません。いつ何時、職を失うかもしれないということを考えると、ある程度の貯金がないと困ってしまいます。

人によっては「そんな、1年分も持っていなくても3か月ぐらいで十分だ。もしどうしても必要なら、投資資金を引き揚げれば良いのだから」という意見もあります。

でも職を失ってしまうような厳しい経済状況になれば、投資している資産も大きく値下がりをしているはずですから、せっかく投資したお金を、損になっても換金しなくてはならないという状況が起こり得ます。

投資というのは短期的な上下はあっても長期的に資産形成を行うこと、すなわち、投資は遠い将来のために行うべきものなのです。だからこそ目先にお金がないと生活していけないという状況に備えて一定金額を貯金することからまず始めるべきだと私は考えます。

ただし、私は年収1年分と言いましたが、これも人によっては2年分を持っておくべきだという人もいます。正直、どれぐらいが必要かは明確な基準があるわけではありませんが、最低1年以上は必要と考えるべきではないでしょうか。

やるべきこと②：投資の方針を決めておく

投資を始める前にやるべきことの二つ目は投資の方針を決めておくことです。

ここで「方針」と言っても、別にプロの投資家が考える投資戦略のことではありません。第2章の第2節（↓076ページ）でお話したような「投資の目的」、すなわち一体何のために投資をするのかを考えることです。

投資の目的には大きく分けて「積極的にリスクを取って儲けるために投資をするのか」それとも「将来に向けてお金の価値を維持するために投資をするか」という二種類あるということは第2章でお話したとおりです。この目的によって、投資のやりかたも全く異なってくるのです。

大ベストセラーとなったロバート・キヨサキ氏の『金持ち父さん貧乏父さん』(＊7)という本がありましたが、その中で彼は金持ちになるための方法の一つとして「投資家になること」と言っています。ただし、ここで彼が言う投資とは先ほどの二つの中で、前者のほうなのです。事実、お金持ちになるのは例外なく前者の方法でそれなりにリスクを取った人しかいません。

後者の目的で投資をするのであれば、最もふさわしいのは長期にわたって積立てをしながら分散投資をするのが良いでしょう。

この方法では大儲けすることは、まずよほどのことがない限り難しいでしょうが、やりかたさえ間違えなければ(例えば暴落した時に売ってしまうとか、バブルの時にどんどん買い増ししてしまうといったことです)、それほど大きな損失を被ることもないでしょう。

＊7
ロバート・キヨサキ，シャロン・レクター『金持ち父さん貧乏父さん』筑摩書房(2000年)

まさに世界経済の成長に合わせて長期的な資産形成をすれば、将来の物価上昇に対してそれをカバーするぐらいのことは十分可能です。

積立投資の具体的なやりかたについては、わかりやすく書かれた本がたくさんありますので、少し紹介しておきたいと思います。（＊8）

（＊8）

水瀬ケンイチ『お金は寝かせて増やしなさい』フォレスト出版（2017年）

竹川美奈子『税金がタダになる、おトクな「つみたてNISA」「一般NISA」活用入門』ダイヤモンド社（2018年）

やるべきこと③：投資の基本知識を勉強する

自分が投資を通じて何をやりたいかということがわかれば、それを実行するための基本的な知識は勉強しておくことが必要です。もちろん投資というのは勉強したからといって必ずうまくいくとは限りません。むしろ勉強と儲けはあまり関係ないと言っても良いかもしれません。

でも、勉強と損失の間には明確に関係があると私は思っています。勉強したからと言って儲かるとは限りませんが、何も勉強しておかなければ損をする確率は確実に高くなると思うからです。

これは自動車の運転免許を考えるとわかりやすいでしょう。運転免許を取ったからといって車の運転がうまくなるとは限りません。免許証というのは運転の免許皆伝ではないからです。でも免許証を取らなければ道路は走れませんし、免許証を取れば、交通ルールは学ぶことができますから、事故に遭う可能性は少なくなるでしょう。もし交通ルールを勉強しないまま道路に出たら事故になる確率は高まります。

もちろん、勉強ばかりしても仕方ないことは事実で、自分で体験して始めないことには意味がないということはそのとおりですが、それでも最低限、投資の基本について1冊か2冊ぐらいは本を読んでおくべきでしょう。

具体的に言うと、投資にかかる費用（＝手数料）の水準であるとか、株式や債券といった有価証券の価格変動のメカニズムだとか、最低、そのぐらいのことは知った上で投資を始めるべきです。

やるべきこと④：少額で始めて、失敗も経験してみる

「これから投資をやろうかと思っている人に対して『失敗しろ』とはどういうことだ！」と思われるかもしれませんが、これも実は大切なことです。投資を始めるにあたって、いきなり大きな金額で投資すべきではありません。

これも第2章でお話したことですが、放っておくと人間の心理は間違いを犯す可能性が高いのです。したがって今まで投資の経験のある人で失敗したことがないという人はほとんどいないでしょう。

いずれも何らかの失敗は経験していると思います。でも投資金額が少額であれば失敗したとしても大きなダメージにはなりません。損をしたということは金額の大小にかかわらず反省を促してくれます。したがって、小さな失敗であればむしろ経験したほうが良いのです。だからこそ、いきなり大きな金額で投資を始めるのはやめたほうが良いのです。

最悪なのは、それまで全く投資の経験がないのに、退職金をもらって、それを大きく増やそうとばかりに始める、いわゆる「退職金投資デビュー」です。これは絶対やってはいけないことの一つと言って良いでしょう。

第4章

自分の年代でやっておくべきことは？

さて、ここからは年代別に「お金で困らないために」は何をやっておくべきかについてお話をしていきましょう。20代から70代まで、それぞれ六つの年代ごとにやっておいたほうが良いことを列挙していきます。

「70代になってもそんなことが必要なのか？」と思われるかもしれませんが、人生100年時代、実際に現在50歳の人でも男性なら二人に一人は90歳まで、女性の場合は二人に一人は97歳まで生きると言われています。もっと若い人なら、さらに長生きすることでしょう。したがって、70歳からでもまだ20年、場合によっては30年ぐらいの時間があるので、しっかり考えておいたほうが良いのです。

もちろん何をやるのが良いかは人によってさまざまなので、誰もがここに書いてあることをやるべきだとは思いません。しかしながら、最大多数の人にとって、それぞれの年代に応じてやっておいたほうが良いことはあるはずです。

本書を読んでいるみなさんは、自分に当てはまる年代について、まずは目を通していただき、次に自分の年代以降の内容についても見ておいていただければ良いのではないかと思います。

（1）

20代は「学ぶ時代」

20代というのは多くの人にとって一人前の社会人として世の中で自立していくことを始める年代です。この時代は言わば「学ぶ時代」です。言い換えれば「学びに投資をする時代」なのです。この時代にどれだけ学ぶことに投資をしておくかが、将来どれほどのリターンを得られるかを大きく左右します。

したがって、20代はお金儲けに勤《いそ》しむよりも、むしろ将来儲けられるようにするための準備をする（学びに投資をする）ことが大切ではないかと思います。

では、一体何を学ぶべきなのかについてお話していきましょう。

仕事を学ぶ

まずはなんと言っても自分がこれから取り組む仕事を学ぶことです。人生を通してお金で一番大切なことは貯蓄でも投資でも節約でもありません。「働いて稼ぐこと」です。

老子の格言で、『授人以魚 不如授人以漁』（人に授けるに魚を以ってするは、人に授けるに漁を以ってするに如かず）という言葉があります。これは「人に魚を与えれば一日食べることはできるが、釣りかたを教えれば一生食べていくことができる」という意味です。大事なのは魚を釣る方法、すなわち稼ぐ方法と稼ぐ力を身に付けることです。

最近では「終身雇用制」がだんだん遠いものになりつつあり、転職するのが当たり前になってきました。「だったら会社の仕事を覚えても、すぐ転職するかもしれないのだから、あまり役に立たないのではないか?」と思う人がいるかもしれませんが、転職するにしても、同じ会社でずっと頑張るにしても、大事なのは自分の専門性を高め、高い能力を身に付けることです。転職で一番成功するのは向こうから「ぜひ来てほしい」と請われることであるのは言うまでもありません。

そのためには今いる会社で成果を上げ、高い能力を示すことでライバルや取引先から一目置かれること、そして業界の中でも高い評価を得ることが一番大切なのです。

同じ会社で働き続ける場合でも20代の時にどれだけ頑張って評価を上げるかが、その後、社内での昇格や人事評価に大きな影響を与えます。

私は40年近くサラリーマンをやってきましたが、全体を通して見ると、特に優秀というわけでもないのに、若い頃に頑張って評価されたことから出世していった人を何人も見てきました。

サラリーマンというのはある意味、運も非常に左右しますが、若いうちに頑張ることは、ひょっとしたらそんな運を引き寄せる効果があるのかもしれません。

もちろんアピールするためにだけ仕事を頑張るというのは本末転倒かもしれませんが、やはりまず一番最初にやるべきことは仕事を覚えて頑張ることだと思います。

習慣を身に付けることを学ぶ

次に学ぶべきことは、大切な習慣を身に付けることです。大切な習慣というのはいろいろあるでしょうが、お金に関する最も重要なことは次の二つです。

①天引き貯蓄の習慣を身に付ける

天引きというのは、給料からあらかじめ貯蓄する分を引いておくことです。およそ、サラリーマンである限り、お金を貯める方法は「天引き」しかない、と断言しても良いと思います。もし天引き以外でお金を貯めることができるとすれば、それはよほど意思の強い人でしょう。人間はそもそもそれほど強い意志を持っていませんから、お金が目の前にあれば、あっただけ使ってしまうものです。ですからお金を見えなくしておくこと、つまり天引きであらかじめ給料から引き去って、別の口座に入れておくことが必要なのです。

さらにこの習慣は会社に入ったその月から始めるべきです。仮に初任給の手取りが18万円だとします。そこから2万円を天引きすれば16万円から生活を始めることになります、18万円でずっと生活をしていて、急に16万円にするというのは結構大変ですが、最初から16万円であれば、それなりに合わせた生活をするからそれほど苦になりません。だからこそ給料をもらい始めたらすぐにこの習慣を身に付けるべきなのです。

②家計簿の習慣を身に付ける

サラリーマンというのは自営業やフリーランスと違って、一部の歩合給の人を除けば、給料は一定です。いずれ昇給や昇格の可能性はありますが、それは自分で決めることはできません。つまりサラリーマンは収入をコントロールする、というのはなかなか難しいのです。でも支出はある程度コントロールできます。

古今東西、サラリーマンで財を成した人に共通するのは支出を上手にコントロールし、天引きで貯蓄額を増やし、ある程度まとまった段階で何らかの投資を始めたということです。つまり、すべての出発点は「天引き貯蓄」と「家計の管理」にあると言って良いでしょう。それぐらい支出の管理というのは大切です。

そのために支出を把握する家計簿は付けるべきなのです。幸い、昔と違って今は「家計簿アプリ」という便利なものがあります。現金以外であれば、カードや電子マネー、金融口座などをリンク付けすることで、容易に支出の把握や分析ができます。昨今では現金を使うことも減ってきていますから、ほんの少しの手間で家計簿を付けることは十分可能です。

習慣というものはいったん身に付ければどうと言うこともありませんが、それまでにやっていないものを新たに始めようと思うと大変です。だからこそ、会社に入って給料をもらい始めると同時に支出管理のための家計簿を付ける習慣を始めるべきだと思います。

情報の中身を学ぶ

会社に入ると、それまでにはふれることのなかったさまざまな情報に接する機会が増えるのですが、案外それらの情報を気にも留めず、長年にわたって知らないままに放っているものがあります。特にお金に関する情報については二つの情報を知り、その中身を学んでおくことが大切です。

①給与明細の中身

これは別に若い人だけではなく、定年前の年齢の人でも給与明細は一番最後に書いてある「手取金額」しか見ていない人が多いのです。

ところが詳細に中身を見てみると、税金と社会保険料がかなりの割合で引かれていることがわかります。定年退職した人の多くがまず驚くのは「住民税」です。

会社に勤めている間は天引きされていますし、その明細の中身を見ていないため、実際にどれぐらい引かれているかわからないのですが、定年になった翌年、住民税の支払い請求が来て、その金額に驚くことになります。

所得税と違って住民税というのは前年度の所得を基準にして課税されます。したがって退職した後というのは、前年度、すなわちまだ現役で所得が多い時を基準に課税され、それが退職後、所得がなくなった時に請求が来る。しかも現役時代には毎月課税されていたものがまとめてくるわけですから、これはショックに感じないわけがありません。私自身も経験してみて、その金額に驚きました。住民税というのは結構な金額を負担をしているのです。

だとすれば、地方自治体が提供しているサービスはフルに活用しなければ損です。たまたま住民税だけを話題にしましたが、社会保険もかなりの金額を毎月払っています。したがって、どんな社会保険があり、困った時にはどんな支給が受けられるのかということはぜひ知っておくべきでしょう。そうしたサービスを利用すれば、ムダな保険に入る必要がなくなるかもしれません。

②会社の福利厚生の内容

これも多くのサラリーマンはほとんど見ていません。せいぜい、会社が契約しているホテルなどの保養所に関する情報ぐらいで、それ以外のものはあまり知らないし、活用もしていないことが多いのです。

でもこれは実はもったいない話です。保養所などというのは福利厚生のほんの一つに過ぎません。その会社の社員であるがゆえに得られるメリットというのは実に多いのです。

例えば、保険です。ある程度大きな企業の場合だと団体保険というのがあります。保険というのは特定の人達を対象としてオーダーメイドで作ることができるのですが、社員数の多い会社であれば、生命保険でも傷害保険でも、その会社の団体保険というのが組成できるのです。

これは会社の福利厚生全般に言えることですが、会社が提供するこれらのサービスは営利を目的としていません。あくまでも社員の福利厚生ですから、非常にコストが安いのです。つまり同じ保険金額でも保険料はかなり安くなっています。生命保険に入るのであれば、民間の保険会社ではなく、こうした会社が提供する団体定期生命保険に加入するほうが良いでしょう。

もちろんこれらのメリットは主に大企業の場合であることが多いため、すべてのサラリーマンが享受できるわけではありませんが、中小企業でも中には経営者が「社員のために」ということで制度をこしらえていることもあります。

ムダなお金を使わないためにも、こうした社員のために提供されている福利厚生については会社に入った時から知っておき、有効に活用することが大切だと思います。

②

30代は「始める時代」

さて、30代になったら、一体何をすべきなのでしょうか。私はここでのキーワードは〝始める〟ということだと思います。

20代はひたすら学ぶだけで良かったでしょうが、ここからは自分の意思で何らかの行動を開始する必要があります。

お金のことで具体的に言えば、資産作りを始めることが大事ですし、自分の人生のライフプランを考えて、それを実現するための具体的な行動をスタートさせるべき年代が30代です。ここでも一つ一つ具体的に何をすれば良いかを挙げていきましょう

積立投資を始める

資産形成のために投資をするのであれば、できるだけ早くから始めるほうが良い、ということはよく言われます。特に金融機関や運用会社といった業者の人達は、「社会人になったらすぐに積立投資を始めましょう」と言います。

これは早くから投資を始めることで、資産形成の時間を長く取ることができるからですが、私は必ずしも20代から投資を始める必要はないと思います。

その理由は二つあります。これは前章でもお話したことですが、大事なことなので、もう一度繰り返しておきます。

まず投資をするにあたっては、最低限ゆとりのある資金でできるようにするために、まずはいくらかの貯金をすることから始めるべきだから、そしてもう一つは、投資を甘く見てはいけないので、少しでも勉強をしながらやっていくほうが良いからです。

やはり投資するお金はゆとりのある資金で始めるべきです。たとえ何らかの理由で急に職を失うことになっても、ある程度生活していけるようにするために生活費の1年分か2年分ぐらいは蓄えてから始めるべきだということは第3章第6節（→155ページ）でもお話したとおりです。株式や投資信託を使って資産形成をするということは、短期的な株価の変動に左右されてお金を動かすことなく、長期的な視点で積立てを続けていくことに価値があるからです。

したがって、前節で社会人になった時から天引きで貯蓄する習慣を付けるべきだと言いましたが、少なくとも20代では、ある程度生活資金を貯めておくようにすべきだと私は考えます。仮に毎月の給料から3万円ずつ貯蓄を続け、年2回のボーナスで10万円を貯蓄に回すようにすれば、利息がゼロでも10年間で総額は560万円になります。

これぐらいの金額があるのなら、投資を始めても良いでしょう。もちろんその場合に、貯めた560万円を投資に回すのではなく、それまで毎月貯蓄に回していた金額の一部または全部を積立投資に回していけば良いのです。

また、投資の原則や基本的な知識はある程度勉強すべきだと思いますので、これは早くから取り組むべきだろうと思います。ただ、いくら勉強しても、投資というのはそれだけでうまくは行きません。水泳はいくら本を読んでも実際に水に入らないと決して泳げるようになりませんが、投資も同様で、経験が何よりも大事です。実際にかなりベテランの人でも価格の動きで心が揺さぶられるものです。だからこそ、勉強すると同時に最初は少額でかまわないので少しずつ積立投資をしていくことが大切なわけです。これは30代から始めることの最優先順位として考えていただきたいことです。

ライフプランニングを始める

ライフプランニングというのは自分の生きかたや人生におけるイベントを考えるということです。結婚するのか、しないのか？　子供が欲しいかどうか？　そして今の仕事をずっと続けたいか、あるいは新しい仕事にチャレンジしたいか？　向こう10年～20年ぐらいのスパンでのライフプランニングを考えることを始めるべきでしょう。

少なくとも会社に入って10年も経てば、自分がその仕事に向いているか、自分にとってやりがいのある仕事かどうかはわかってくるでしょうから、もし将来のキャリアを考えるのであれば、それは30代から始めるのが良いと思います。

お金の面で言うと、大きいのはマイホームを取得するかどうかです。持ち家か賃貸か？　これはどちらが良いかとは一概に言えません。なぜなら経済合理性だけで判断できるものではなく、家を持つということに対する自分の安心感や満足度によってどちらを選ぶかが異なるからです。言わばこれは哲学の問題なので、正解はありません。

したがって、家は買っても買わなくても良いのですが、もし買うのであれば資金計画は重要ですし、買わないということであれば、いくつになったら買うのか？　あるいは生涯賃貸で暮らすのか？　その場合に想定されるリスクなども考えた上で、行動を始めるべきだと思います。

私は38歳の時に家を購入しましたが、当時は金利も高かったので、自分が支払った総額はかなりの金額になり、持ち家以外の金融資産の形成は、あまりうまくできませんでした。もし私が当時に戻れば恐らくその時点で買うことはせず、資金を作っておいて定年後に夫婦二人だけで住むのに十分な大きさの家を買うことでしょう。でもそれを今から言っても仕方ありません。

要するに自分の家族やキャリアや哲学を総合的に考えてライフプランニングを始める

こと、マイホームの取得はそのうちの一部だと考えてください。

リスク管理を始める

私は長年、投資の世界に居ましたが、投資の真実の中には人生においても通じる言葉がたくさんあります。

その中の一つに「リターンはコントロールできないが、リスクはコントロールできる」という言葉があります。リターンというのは、利益とか儲けという意味ですね。つまりサラリーマンであれば、昇格して給料が上がることでリターンは多くなります。ところが、頑張れば必ず昇格するかどうかはわかりませんし、そもそも人事は人が決めることです。自営業であればさらに儲けをコントロールすることは不可能です。ところがリスクはある程度コントロールすることができます。予測不可能な事態になっても事前にある程度備えていれば対応することは不可能ではないからです。

第3章第1節（→113ページ）で、夫婦共働きが最強のリスクコントロールになるというお話をしましたが、これはもちろん最も重要なことです。ただリスク管理はそれだけではありません。例えば何らかの事情で働き手が一人しかいない場合、その人が病気や事故で亡くなってしまうことは起こり得ます。そんな時にまず頼りになるのは「年金」です。遺族年金というのは年金保険料を払った期間が短くてもそれなりに支給されるからです。しかしながら、まだ子供が小さい時であれば遺族年金だけでは厳しいかもしれません。そんな時は死亡保障を求めて生命保険に入ることも必要です。

ただし、やみくもに生命保険に入れば良いというわけではなく、普段から「ねんきん定期便」や「ねんきんネット」をしっかり見て、年金のしくみや自分が亡くなった場合の遺族年金の金額はきちんと把握しておかなければなりません。その上で追加的に必要な部分を民間の保険会社で生命保険に入れば良いのです。

30代では、子供が居てもおそらくはまだ小さいと思いますから、リスク管理として一定期間は生命保険を始めることが必要でしょう。言うまでもなく、独身であれば生命保険は不要ですし、子供が成長して夫婦二人だけになっても、ほとんど生命保険は必要ではなくなります。生命保険はあくまでもリスク管理のための手段であり、資産運用とは別物であることを忘れてはいけません。

（3）

40代は「考える時代」

その昔、孔子が『論語・為政』の中で述べた言葉の中に「子曰く、（中略）四十にして惑わず」という一節があります。ここから、40歳を「不惑の年齢」とも言いますが、これは恐らく「人生五十年」と言われた時代のことですから、現代のように人生百年の時代を迎えると、40歳でもまだ大いに惑いや悩みはあるでしょう。

むしろ、40代というのはサラリーマンであれば、人生においても会社生活においても折り返し地点ということになりますから、ここは大いに考え、迷ってもかまわないのです。

ここでじっくりと考えておくことが充実した後半戦につながると考えるべきでしょう。そう、40代は「考える時代」なのです。

老後資金のことを考える

一般的に人生の三大費用と言われるのが「住宅取得費用」、「子供の教育資金」そして「老後の生活資金」です。しかしながら、現代においては、この三大費用は人によって大きく異なります。

例えば「住宅取得費用」ですが、前節でお話したように、家は買うべきか借りるべきか、というのはその人の考えかたですから、必ずしも誰もが住宅を購入するわけではありません。また、中には一人っ子で親が住んでいた家にそのまま住む人もいるでしょうから、そういう人にとっては、住宅取得費用は発生しません。

同様に、子供の教育資金も子供がいれば必要ですが、少子化や未婚化が進む時代ですから、子供がいる世帯ばかりではありません。したがって「子供の教育資金」というのも必ず発生する費用ではありません。

ところが「老後の生活資金」だけは誰にも例外なく必要が生じてきます。歳を取らない人はいませんし、誰もが生涯現役で働けるわけではないからです。ですから、40代でまず考えるべきことは、「老後の生活資金について」と言って良いでしょう。

とは言え、実は40代というのはなかなかお金を貯めにくい年代でもあります。会社においては管理職になり、それまでよりも収入は増えますが、その分、税金や社会保険料も負担が大きくなるからです。加えて前述の教育費や住宅ローンがあるとすれば、その負担が一番重くのしかかるのがこの年代です。事実、年代別の貯蓄残高を見ても40代は伸び悩んでいることが見て取れます。（＊1）

したがって、この年代では資産作りのために特に新しく始められることはあまりなく、30代から始めた「積立投資」を続けること、そしてムダな支出がないかどうかを確認することが主なものだろうと思います。

子供の教育資金を考える

前述したように、子供のいない家庭であれば、この項目は必要ありませんので、読

＊1
総務省「家計調査報告」（貯蓄・負債編）2019年平均結果
https://www.stat.go.jp/data/sav/sokuhou/nen/pdf/2019_gai4.pdf

まなくてもかまいません。でも子供がいれば「教育資金」というのはかなり負担の大きいものです。私自身二人の娘がいましたが、下の子供が大学を卒業して学費が不要になったとたん、ずいぶん生活が楽になったと感じた記憶があります。

では、教育費というのは具体的にどれぐらいかかるのでしょうか？ 平成30年度のデータによると、一人あたり、幼稚園から大学まですべて国公立であった場合で約1080万円、すべて私立であった場合は約2560万円となります。（＊2）やはり相当な金額ですね。

このうち、特に大学にかかる費用はその割合が高く、公立の場合で539万円、私立の場合だと730万円です。まず考えるべきなのは、この費用をどうやって作るかということよりも誰が負担すべきか、ということです。

高校までは親が負担するのは当然かもしれませんが、大学については考える必要があります。教育資金と老後資金というのはトレードオフの関係になりがちです。

つまり、子供のために親が無理をして学費を負担したために、老後資金がなくなってしまうということもあり得ます。その結果、将来、老後の面倒を子供に見てもらわなくなってしまったのでは本末転倒です。もしさまざまな出費が多くて、子供の大学

＊2
文部科学省「平成30年度子供の学習費調査」
https://www.mext.go.jp/content/20191212-mxt_chousa01-000003123_03.pdf
住宅金融公庫「平成30年度教育負担の実態調査結果」
https://www.jfc.go.jp/n/findings/pdf/kyouikuhi_chousa_k_h30.pdf

進学のための資金が十分に用意できないということであれば、これについては子供とよく話あって、「大学へ進学するかどうか」「そのための資金はどうするか」、そして「奨学金を利用するかどうか」等について方針を決める必要があります。

親の介護を考える

40代ということは親の年齢は70～80歳ぐらいでしょうから、ぼつぼつ親の介護が問題になってきます。２０００年に始まった公的介護保険制度によって経済的な負担は軽くなったものの、それらのすべてを子供である自分達が負担するというのはかなり大変なことです。

介護に関わる費用は、公的介護保険の活用に加えて、原則は介護される当人の負担で行うべきだと思います。当然、親の場合も同様で、自己負担分は親に出してもらえるならそうすべきです。

逆に自分の介護の時も子供に迷惑をかけないようにすることが大切です。したがって、親がまだ元気なうちにお金の話はきちんとやっておくべきでしょう。

ところが現実にはお金のことに関してはなかなか親と話しづらいものです。何も話題のないまま、「お金の話をしよう」と言っても訝《いぶか》しがられるだけかもしれません。ところが介護の話題であれば親も関心はあるでしょうから、抵抗なく話をすることができるのではないでしょうか。

また、親の介護はお金の問題だけではありません。実際に誰が面倒を見るのか、地域の公的支援を受けるためにも、誰にどんな手続きが必要なのかを把握することが大切です。もし兄弟がいるのであれば、あらかじめ話をしておくことも必要です。「親の介護」というのは40代で考えるべき重要なことでしょう。

60歳以降の働きかたを考える

40歳が会社生活の、そして人生の折り返し地点だとすれば、いずれやってくる定年に向けて、その後の働きかたをどうするか考える必要があります。

ところが、40代というのは働き盛りで、会社でも管理職の第一線として活躍している人が多いはずです。そんな時期に「定年後はどうするか考えましょう」と言ってもあまりピンとこないでしょう。具体的に動くのは50代に入ってからで良いと思います。

ただ、40代にもなってくれば、今までやってきた仕事が自分にとって心地よいものか、言い換えれば「好きな仕事」なのかどうか、そして今後も続けていきたいと思えるのか、がわかってくるでしょう。

もっと端的に言えば、60歳以降も可能であれば今の仕事を引き続きやりたいと思えるかどうかです。ひょっとしたら、自分が本当にやりたい仕事、自分に向いているのは別の仕事かもしれません。でも、今は会社の中にいて仕事で中心的な役割を果たしていますから、好きとか嫌いとかは関係なく、今の仕事を頑張るしかありません。

ところが60歳になると、そこからの状況は全く異なります。生活のために働くというよりも、楽しむために働くことができるからです。

だからこそ、60歳以降の働きかたについて、準備するのは50代に入ってからでもかまいませんが、考えることだけはぜひ40代からやっておいたほうが良いと思います。

④ 50代は「備える時代」

50代でやるべきことは〝備える〟ことです。一体何に備えるのか？ 言うまでもなくこれは「定年後」に備えるということを意味します。

昨今ベストセラーになっている『ライフ・シフト』（＊3）によれば、生涯を通じて何度でもシフトチェンジをすべきなので定年が必ずしも大きな転換点ではない、という考えかたもあります。しかしながら、現実には多くのサラリーマンにとって、「定年」というのは一大事であり、人生における大きな節目となることは間違いありません。

ただ、「定年」を必ずしも後ろ向きに捉えるのではなく、「ようやく自由を手に入れ

＊3
リンダ グラットン・アンドリュー スコット『LIFE SHIFT(ライフ・シフト)』
東洋経済新報社 (2016 年)

ることができたのだ」と前向きに考え、その楽しみのための準備をすると考えるべきです。そこで、定年までの期間が10年を切った50代に入った段階で準備しておくことについてお話しましょう。

定年後の仕事に備える

「え！　定年後も働くの？」と思われるかもしれませんが、平均寿命が80代後半という時代においては、60歳ですべての仕事を引退してしまうというのは非常にもったいない気がします。

もちろん人生はさまざまですから、60歳で完全に仕事を引退し、そこからの人生は趣味やボランティア活動に勤《いそ》しむ、という生きかたも良いと思います。しかしながら、働くことでいくばくかの収入を得ることもできますし、何より、少しの緊張感を持って働き続けるというのは健康の面を考えても良いことです。

ただ、定年後も働こうということであれば、いくつかの準備をしておく必要があります。

①70歳まで働くプラン作り

なぜ、70歳なのか、というと第3章第4節（↓１３７ページ）でお話したように、年金受給を70歳まで繰り下げることによって受給額が大幅に増額されるからです。

高年齢者雇用安定法が２０１３年に改正されたことによって、現在では60歳で定年を迎えても希望すれば、ほとんどの場合は65歳まで継続して会社に残って働けるようになっています。また２０２０年には70歳までの雇用が企業に努力義務となりました。ただ、これは努力義務ですから、今後70歳まで会社に残って働ける企業は増えていくだろうと思われますが、当面は必ずしも70歳まで働けることが保証されたわけではありません。それにいくら70歳まで会社で働き続けることができると言っても、ずっと同じ会社で働き続けるよりも気分を変えて、あるいは自分がやりたいと思っていた仕事にチャレンジするということも考えるべきです。そのために70歳まで働くためのプラン作りを自分で考えてみてはどうでしょうか。

②人脈を作る

私は60歳の定年を機に会社を離れて独立しましたが、サラリーマン時代には仕事が苦行であったものが、独立して自営になった途端、仕事は楽しみに変わりました。それは当然で、自分がやりたいことをやっているからです。

ところが多くの人は「自分のやりたいことをやれ、と言われても自分が何をやりたいのかがわからない」と言います。なぜ、そんなふうに思うかと言えば、それは「サラリーマンは上から指示されて仕事をする」ということが染み付いているからです。

どんな仕事であれ、一つの仕事を5年なり10年なり続けてやっていれば、その道の立派なプロです。ところが多くの人は「自分に何ができるのか」あるいは「自分にはどんな仕事が向いているか」がなかなかわかりません。キャリアコンサルタントの人などはよく「自分の能力の棚卸しをしなさい」と言いますが、そんなこと、自分ではなかなかできるわけがないのです。

私の経験から言うと、自分で自分の能力を把握するのはかなり難しい。ではどうすれば良いかというと、自分の得意分野を人から教えてもらうのです。

逆のことを考えてください。あなたの親しい友達や会社の上司や同僚であれば、彼らや彼女らは一体何が得意かということはよくわかるでしょう。したがって会社以外での人とのつながりを作ることは、自分の能力、自分にできることを指摘してもらうという意味で、とても有益なことです。私が会社以外の人脈作りを始めたのは定年になった後でしたが、できるなら50代から始めておきたいものです。

定年後の生活に備える

定年後もできる限り仕事はやったほうが良いと私は思っていますが、こればかりは人それぞれです。別に仕事はしなくても趣味や地域での活動、あるいはボランティアとか生涯学習など、定年後の自分の居場所を作る方法はさまざまです。もちろんお金の面だけを考えれば働いたほうが良いに決まっていますが、それでも自分のやりたいことを優先したほうが良いでしょう。

ところが、ここでも「何をやりたいのか自分ではわからない」という〝わからない病〟の人が出てきます。趣味も特になければ、ボランティア活動もやったことがない、だから何をすれば良いかわからない、という人達です。

でももしそうなのだとしたら、何でも良いからまずはやってみれば良いのです。やりもしないで「何をやって良いかわからない」などと言っていては、いつまで経っても何もできるはずがありません。結果として寂しい定年後を送ることになりかねないのです。とにかく自分で思い付いたことや気になったことをやってみれば良いのです。やってみて自分に合わなければやめれば良いのです。何も無理をする必要はありません。時間はいくらでもありますし、誰にも邪魔されることはありません。

それに趣味やボランティアの集まりに参加することで、それまで出会うことのなかった人達との人脈が生まれます。そんな中から思いがけない仕事につながることもあるのです。

実際に私が起業した後、しばらくはほとんど仕事がなかったのに、2〜3年目ぐらいから少しずつ仕事がやってくるようになったのは、趣味の集まりに顔を出しているうちにつながった人達からの依頼がきっかけでした。人生というのはどこでどんなきっかけで新しい生活が始まるのか、わからないものです。

定年を迎える前の50代から、定年後の生活に備えるため、さまざまなことにチャレンジしてみてはいかがでしょうか。

「見直し」で備える

定年になると生活のパターンが変わります。当然それに伴ってお金の使い途《みち》、支出の内容も変化します。そうなっても慌てないために50代からお金周りのことについては一度見直してみることが必要です。

①年金を見直す

それまで年金のことなどほとんど考えたことがないという人もいるでしょうが、50代に入ったら、「ねんきん定期便」や「ねんきんネット」を見直してみるべきです。その理由は、50歳から年金に関するお知らせの記載方法が変わるからです。

50歳になるまでは、その年齢までで年金保険料の払込を終えた場合を基準にして将来の年金支給額が計算されて「ねんきん定期便」に示されます。例えば、40歳だとしたら20歳から20年間払い込んだ保険料の額に基づいて65歳からの支給額が提示されるのです。でもこれはあまり意味がありません。なぜなら40歳で保険料の払込をやめてしまうということは通常はあり得ないからです。したがって50歳になるまでの「ねんきん定期便」に載っている年金受給予定額は、実際よりもかなり少なく表示されます。
ところが50歳になると、現在加入している年金制度（例えばサラリーマンであれば厚生年金です）に60歳まで加入し続けるという前提で計算されますから、より正確な金額が表示されるのです。言わば50歳までは、参考程度に見るだけでかまいませんが、50歳以降はリアルな年金額が記載されていますから、しっかりと確認したほうが良いのです。

②保険を見直す

第3章第3節（↓129ページ）で、「老後は保険よりも現金が大事」というお話をしました。ところが逆に歳を取ると保険に入り始める人がいます。その多くは健康不安からでしょうが、前にもお話したとおり、治療費というのは公的医療保険で賄えます。民間医療保険は営利企業なのですから加入する年齢が高くなるほど保険料が高くなるのは当然です。

ところが公的医療保険は高齢になるにしたがって、本人負担分は少なくなります。これが社会保険の優れたところです。したがって、基本は公的医療保険で賄い、それで足りない部分は貯金を使えば良いのです。

生命保険についても、子供が独立した後は、よほど巨額の資産でも持っている人でない限り、ほとんど不要と言って良いでしょう。

老後に最も気を付けるべきことは、ムダな保険に入り続けてお金を失わないようにすることです。50代のうちに保険を見直しておき、定年後のキャッシュフローを安定的にすることに備えるべきだと思います。

5

60代は「楽しむ時代」

さて、いよいよ60代ということで、私の年代にやってきました（私は執筆時現在68歳です）。60代は「楽しむ時代」ということですが、これは好きなことをやって遊ぶ時代ということではありません。もちろん遊ぶことも大切ですが、何をするにしても〝楽しむ〟ことを優先してやるべき時代だということです。

例えば「働く」こと一つを取ってみても60歳まで、すなわち定年までは「生きるために働く」のが必要なことでした。ところが60歳からは「楽しむために働く」というフェーズに入ってくるのではないだろうかと私は考えています。もちろん仕事だけが

60代でやるべきことではありませんから、そのほかについても大いに楽しむべきなのですが、恐らく「仕事」に関する捉えかたが最も大きく変化する部分だと思います。

そこでまずは「働くこと」から考えてみましょう。

仕事を楽しむ

私はこれまでずっと60歳で定年になったら、会社に残って再雇用で働くのではなく、会社を飛び出して起業すべきだということを言い続けてきました。起業というと大げさですが、要は一人で自営業になりましょうということです。

あるいは、今までの経験や能力を生かして知人のコネやツテで新しく仕事のできる場所を探して転職すべきだということも主張してきました。

定年後、まもなく10年が経とうとしている私は、今でもこの考えは変わりません。なぜなら会社で働くのは好むと好まざるとに関わらず〝楽しむ〟ことができないからです。組織の中で働くというのは、時に自分の意思とは違う方向でも従わざるを得ません。いやむしろそういう場合のほうが多いでしょう。だからかなりストレスが溜まるのです。自分で起業したり、自分のやりたい仕事を求めて転職したりすれば、そういうストレスはなくなり、仕事を楽しめるようになります。それに若い内の転職や起業と違い、60歳での起業や転職は、うまくいかなくても年金や退職金、それに自分の蓄え次第では食べていくことが可能ですから、必ずしも嫌な仕事はしなくても良い場合が多いのです。だから再雇用はあまり勧めていないのです。

ところがこの1～2年で少し考えが変わってきました。

もちろん再雇用よりも起業や転職を勧めるという考えに変化はありません。ただ、必ずしも60歳で会社を飛び出さなくても良いのではないかという考えも出てきたのです。今は、ほぼすべての会社で再雇用や定年延長という形で働き続けることができます。昔は55歳で役職定年、60歳で定年となっていたのが、最近の傾向を見ていると60歳で一旦退職し、立場を変えて65歳まで再雇用というのが一般的になりましたので、昔に比べると5年後ろ倒しになっていると考えても良いでしょう。

であるならば、65歳からの働きかたを自分の望むような、自分のやりたい仕事を楽しむようにして、70歳まで働く、そしてそのための準備を60歳から65歳までの再雇用期間中に行う、ということでもかまわないと思います。多くの企業では60歳からの再雇用後は嘱託とか期間契約での雇用となるでしょうから、権限も責任も大幅に縮小されるでしょうし、時間的なゆとりも出てきます。少なくとも現役時代のようなハードな働きかたからは少し遠のくでしょうから、そういった準備も十分できると思います。

収入も現役時代には遠く及ばない金額でも一向に差し支えないと思います。第3章第3節（→129ページ）でお話したような自己実現のための費用、すなわち旅行や趣味を楽しむための費用程度が稼げれば十分だからです。むしろ嫌な仕事を無理してやるのではなく、本当に楽しいと思える仕事だけやることは十分可能だと思います。

人とのつながりを楽しむ

これは50代にやっておくべきことでもふれましたが、60代になれば、この傾向をさらに強めていくべきだろうと思います。定年後に最も深刻なのは「お金の不安」ではなく「孤独の不安」だからです。より多くの人とつながり、友人と言える人を持つことは定年後の生活ではとても重要なことです。

これについては女性のほうがはるかに高い能力を持っているようです。それは「横のコミュニケーション能力」に優れているからです。したがって女性に関しては、この「つながりを持つようにしよう」ということについてはあまり心配する必要はありませんが、男性は必ずしも得意でない人が多いようですので、十分注意したほうが良いでしょう。そのためには同性の集まりばかりではなく、異性のグループとの集まりにも顔を出して、コミュニケーションする努力を少しはしたほうが良いと思います。

また、50代から始めた活動、例えば趣味やスポーツ、ボランティアなどがあって、それが自分に合っていると感じていれば、さらに深化させていけば良いでしょう。

私の周りでも60代になってから始めた趣味にのめり込み、全国的に交友関係が拡がっている人もたくさんいます。その人の性格もありますから一概には言えませんが、60歳からはできるだけ多くの人との会話を心がければ良いでしょう。

「考えること」を楽しむ

60歳からの特徴は働くにせよ、働かないにせよ、それまでと比べてかなり時間の余裕があることです。だとすれば「考えること」を楽しむことがあっても良いと思います。「考えること」といっても一体何を考えれば良いかということですが、いくつかの「考えること」を楽しめるテーマはあります。

①年金の受取りかたを考える

第3章でお話ししましたが、公的年金は現在60歳から70歳までの間、いつでも好きな時に受取り始めることができます。自分の生きかたやライフプラン、働く収入の度合いなどによって自由に決めれば良いので、これはじっくり時間をかけて考えても良いと思います。

仮に年金の受取りを70歳からにしようと決めても、もし68歳で大きな病気をすると、その時点から受取れば良いのです。しかも受取りかたは二通り選べます。

一つは68歳まで3年間延ばしたわけですから、それ以降は25・2％増額された年金で受取ることもできますし、仮にその68歳時点でまとまったお金が必要であれば本来の支給開始年齢であった65歳からの3年間受取っていなかった分をまとめて受取ることもできるのです。ただし、その場合は68歳から受取り始める年金は増額されたものではなく、普通の金額となります。

このように年金の受取りかたはわりあい融通が利きますが、一旦受取り始めると変更はできませんので、じっくりと考える必要があります。60歳になったところから自分のこれからのライフプランについてゆっくり考えることを楽しんでも良いのではないでしょうか。

②投資を考える

投資については、本書でもこれまで何度かコメントしてきましたが、私の考えは、「投資は悪いことではないが、必ずやらなければならないものでもないし、投資に頼ってもいけない」ということで一貫しています。したがって、投資に興味がない、あるいは投資においてリスクを取ることが受け入れられないという人であれば、投資はする必要はありません。ただ、そうでなければ、ある程度投資はやっても良いと考えています。

私が考える60代での投資のやりかたは二通りあります。一つは以前にもお話したように「お金の価値を維持するためにやる投資」です。積極的にリスクを取って儲けようとするのではなく、自分が持っているお金の値打ちがインフレなどで下がらないようにするための投資です。詳しくは第6章でもお話しますが、購買力維持のための投資であれば、「個人向け国債　変動10年」を購入するか、グローバルに分散投資できる投資信託を毎月少しずつ積立てながら購入するのが良いやりかたでしょう。でもこれだけでは「考える」楽しみはほとんどありません。

もう一つのやりかたは金額を限定しながらも個別の株式に投資するという方法です。定年を迎えると、どうしても世の中の経済の動きに関心が鈍くなってきます。株式投資というのは言わば知的好奇心を刺激し、満足させてくれる最も良い方法です。

少額といえどもお金を投じるわけですから、いやが上にも関心は高まります。今後の経済や自分が注目する企業がこれからどうなっていくかを考え、推理することは本当に知的刺激となります。

私自身は自分で仕事をしていますので、ある程度リスクを取れますから前述のグローバル投資信託の積立てと個別株投資の両方をやっています。おかげで常に世間の話題にもついていけていますし、何よりも自分で考えるという楽しみはちょっと他では代え難いものがあります。

⑥ 70代は「合わせる時代」

70歳は「古希」です。この言葉は、唐の詩人杜甫の詩に出てくる一節、「人生七十古来稀なり」がその由来で、当時70歳というのは、相当な長寿であったのだろうと思います。40代のところで『論語』を引き合いに出しましたが、70歳という年齢について、論語ではこのように語られています。

「七十而従心所欲　不踰矩」（七十にして、心の欲する所に従えども矩《のり》を踰《こ》えず：自分の心の思うままに行動しても、人の道を踏み外すことがなくなった）

確かに孔子や杜甫の時代、70歳というのは、まるで仙人のような境地だったのかもしれません。ところが今や人生100年時代です。70歳ではとてもそんな境地にはなれないでしょう。恐らくまだ元気で執着も一杯あるはずですから、心の赴くままに行動すると危ない人がたくさんいるかもしれません。

今の時代やこれからの時代、70代ではどう考えて行動するのが良いのでしょう。

私は70代をひと言で表すと「合わせる時代」だと考えています。私自身が来年には70歳を迎えるにあたって、そういう考えかたで行動しようと思っているからです。では〝合わせる〟とは一体どういうことか？　何に何を合わせるのかを考えてみましょう。

自分の体力に合わせる

現代の70代の人達を見ていると、見た目や体力について恐らく個人差が一番大きいのがこの年代なのではないかという気がしています。

60代までは多少の差があっても概ね元気で、見た目もそれほど変わりません。80代になってくると今度はかなり体力的にも見た目も衰えが目立ちますから、こちらも逆にそれほど差はなくなっていくでしょう。

でも70代は本当に差が大きいのです。どう見ても50代ぐらいにしか見えない人もいれば、80代後半ぐらいかなと思うほど老けている人もいます。人はそれぞれの人生でのさまざまな経験によって、精神的、身体的なダメージなどに違いが出てくるわけですが、それが一挙に表面化してくるのが70代なのでしょう。

したがって、自分の体力に合わせた生活をすれば良いと私は思います。無理に若者と張り合って活発に活動する必要もなければ、元気なのに年相応に振る舞うべきだとして、おとなしくする必要もありません。どちらにしても無理をすることはあまり好ましいことではありませんので、この姿勢は70代の生活を送る上では最も基本的なスタンスではないかという気がしています。

自分の容量に合わせる

作家で書誌学者でもある〝リンボウ先生〟こと、林望氏の著書に『臨終力』（＊4）というのがあります。この中で林氏は面白いことを書いておられます。それは、60歳以降は「貯蓄」ではなくて「減蓄」の時代だというのです。この考えかたに私は強く

＊4
林 望『臨終力』ベストセラーズ（2011年）

共感し、講演する時などではあちこちで引用させてもらっているのですが、「減蓄」とは一体何か？　この言葉は林氏が発明した言葉で、氏の説明によると「資産を蓄えるのではなく、減らすということ、すなわち60歳になったらお金のかからない身軽で質素な暮らしを心がけ、死ぬ時に向かって貯えた資産を次第に切り崩しながら生きていく」ということだそうです。十分な資産があれば60歳からでも良いでしょうが、今の時代であれば、私はそれを70歳からやっていけば良いのではないかと思っています。

さらに私はこのようにも考えています。減らすのはお金の蓄えだけではなく、知識の蓄えも減らしていけば良いのではないかと。つまり自分が今まで経験してきたこと、学んだことで得た知識や知見を若い世代に伝えていくということです。

お金にしても知識にしても、歳を取ってくると、それを受け入れる容量は減ってきます。もちろんお金はあるに越したことはないでしょうし、減らしていくというのは不安に感じることでしょう。でもそれまでに自分の終《つい》の住処《すみか》を考え、第3章でお話したように高齢者施設への入居費用を自分の保有する金融資産で賄い、生活費を公的年金で賄えるプログラムを作っていれば、後はそれほど心配することはありません。何しろ公的年金は死ぬまで受取れる仕組みだからです。むしろ年齢とともに活発な活動はしづらくなるので、それほどお金を使うこともなくなるでしょう。知識や知見も自分が持っていてしっかりと覚えているうちに活用できれば値打ちはありますが、段々そういうものも失われていきます。つまり自分の容量は徐々に小さくなっていくのです。それに合わせて若い世代に移転していけば良いと思います。

世の中の流れに合わせる

これは何も「世間に対して何でも迎合しなさい」ということを言っているわけではありません。どうしても年齢が高くなってくると頑迷固陋《がんめいころう》になりがちなので、気を付けるべきだということなのです。世の中はどんどん便利になってきています。私の両親はもう、とっくに他界していますが、妻の両親は80代半ばで健在です。今の住まいは遠く離れたところにいるため、せいぜい年に数回しか会うことができません。そこで両親にはiPadを持ってもらい、ほとんど毎週のようにFacetimeを使って映像での会話を30分程度やっています。両親も遠く離れた娘との会話は楽しみでしょうし、こちらも顔や姿が見えるので安心です。こういう新しいツールを利用することについて、歳を取っているからというだけの理由で拒否するのは実にもったいない話です。いつまでも好奇心を失わず、新しい世の中の流れに合わせることで、楽しく合理的な生活を送ることができますし、生活コストも大きく下がります。妻の両親の例で言っても、会うことができればそれに越したことはありませんが、毎週のように行き来することは時間的にも金銭的にも大変です。だからこそ使える便利なツールはどんどん使っていくべきなのです。

「老後が不安」という人のほとんどは恐らく晩年の生活、すなわち70代からの生活とそのために必要なお金に対して漠然と不安を感じているのだろうと思います。第3章第3節（↓129ページ）でお話ししましたが、最も不確実な部分である医療・介護等の資金は退職金や自分が保有する金融資産を取り崩さずに確保しておけば良いのです。そうすれば、あとは生活サイズの問題です。ここでお話ししたように、年齢に応じた「合わせる」生活をすることでそれなりに生活コストを下げていくことも可能でしょう。

しかも社会保険によるさまざまな行政サービスは高齢者になるにしたがって手厚くなります。ほんのちょっとした生活意識を変えるだけで、年金＋高齢期の社会保険によって豊かな70代以降の生活を行うことは十分可能だと知っておくべきでしょう。

第5章

老後資産作り、私の場合は？

さて、お金で困らないようにするためにいろいろなお話をしてきましたが、やはり何と言っても一番大事なのは「老後のための資産作り」でしょう。

生きかたは人によってさまざまですが、「老後」は誰にも等しく訪れます。もちろん本書でも言い続けてきたように、できる限り長く働くというのは重要なことですが、いずれどこかでは働くことができなくなれば、生活を賄うためのお金は誰にとっても必要です。

最も大きな土台は公的年金であることは間違いありませんが、同じ公的年金でも受取りかたによって金額も変わりますし、職業によっても、その金額には大きな違いが生じます。

そこで本章では、自分の年齢と状況によって、老後資産作りに向けてどんな対策を立てて考えれば良いかについてお話しします。

言うまでもなく、老後資産をこしらえるには、できるだけ若いうちから始めるほうが良いのですが、20代で老後のことを考えられる人はあまりいません。どうしても40代、50代にならなければ考えようという気にはならないでしょう。

そこで、最も若いモデルでも30歳が一例だけで、ほとんどが40~50代ぐらいの年齢から考えるという前提で五つのケースを考えてみました。

それも単に年齢だけではなく、パートナーの有無や職業についてもバリエーションを考えていますので、自分に最も近い例を参考にしていただければ良いのではないかと思います。

もちろん、実際にはローンや子供の教育費等の状況次第でバリエーションは無限に増えますので、ここに書かれたのはごく一部の参考でしかありません。

個別に検討する項目についても人それぞれでしょうから、実際に自分のケースに合わせてきちんと相談するのであれば、ファイナンシャルプランナーにお金を払って相談すべきだろうと思います。

ただ、ここではケースごとの考えかたを示すことによって、自分の場合を具体的に考える時のヒントにしていただければ良いのではないかと思います。

①

59歳Aさん（大手企業サラリーマン）の例

最初のケースは大手企業に勤める59歳のサラリーマンAさんの例です。これは正直言って、かなり恵まれているケースだと思います。ただ、不安な要素もあるので、それをカバーするには、少し今までと発想を変えていただくことが必要ではないかと思います。まずは前提条件を見てみましょう。（図6）

この年齢では典型的な大企業勤務の管理職と言って良いでしょう。妻もパートで働いていますが、自分で社会保険を払わなくても済む範囲内で働いているようです。

公的年金は厚生労働省のモデル年金額よりも少し多いぐらいです。さらに勤め先には「退職一時金」と「企業年金」の両方があり、自分で現在保有している金融資産は１５００万円です。では、こういう場合はどんな対策を考えれば良いでしょうか。

図6　59歳Aさんの例

項目	状況
夫	59歳　大手企業管理職
妻	55歳　パート従事の専業主婦／第3号被保険者
公的年金	65歳支給で月額24万円（夫婦）
企業年金	確定給付企業年金20年有期 給付額月額7万円
退職一時金	1,000万円（内500万円は年金受取も可）
金融資産	1,500万円

①公的年金は夫婦ともに70歳まで繰下げして受給する

この場合は企業年金があるので、他の多くの人と比べるといくらかは有利です。

しかしながら企業年金は20年有期ですから80歳で終了します。その後の生活を考えると夫婦ともに70歳繰下げ支給にすることで公的年金は月額34万円くらいになります。

70歳〜80歳までは企業年金も含めると月額40万円を超えますから、そこから税や社会保険料を引いても生活にはかなりゆとりができるでしょう。

②夫は最低65歳まで、できれば70歳まで働く

65歳までは再雇用制度で働くことができるでしょうから、最低限それは利用すべきですが、できれば70歳まで働くことを考えたほうが良いでしょう。

その理由は、公的年金の繰り下げをするのであれば、65歳～70歳の5年間は何もせずに支給されるのは企業年金の7万円だけだからです。したがって、できれば退職金や自分の金融資産を取り崩さずに置いておくには働いて得る収入が必要です。

企業年金の額を考えると、最低月に15万円、年収では180万円ぐらいの収入は必要でしょう。

③妻は厚生年金に加入して65歳まで働き年金支給は75歳からとする

現在は第3号被保険者となっていますが、ここからはできる限り厚生年金に加入して働く方法を考えたほうが良いと思います。

平均寿命を考えても妻のほうが長生きすることを考えた場合、ベースになる公的年

金の金額を少しでも増やすために130万円の壁を意識せずに働いて手取りを増やしたほうが良いからです。

年金だけを考えれば、夫の遺族年金のほうが自分の厚生年金よりも多くなるでしょうが、自分が働いた分は生活費に回さず、将来に備えて蓄えておくこともできます。

それに75歳まで年金支給開始を遅らせた場合、基礎年金部分だけでも月額12万円近くなりますので、これに厚生年金が加われば、長生きしても妻の生活費部分は安心できるでしょう。

④退職一時金と金融資産は崩さずに温存する

退職一時金の1000万円と自分が持っている金融資産1500万円の計2500万円はできるだけ取り崩さずに温存すべきでしょう。

この場合は後に説明する「個人向け国債　変動10年」のような安全性の高いもので運用しておくべきだと思います。これだけの資金があれば、将来の医療・介護に対する備えとしては十分と言っても良いでしょう。

ポイント

ポイントとなるのは企業年金の部分でしょう。通常は公的年金だけで老後の日常生活費を賄うというパターンが多いのですが、この場合は企業年金が加わりますから、生活の安定度は高くなります。

ただし公的年金を繰下げするのであれば、企業年金だけで生活するのは難しいでしょうから、やはり長く働くというのがキーになるのではないでしょうか。

(2) 40歳Bさん（独身女性　フリーランス）の例

二人目のケースは40歳でフリーランスの独身女性Bさんの例です。Bさんは短大を卒業後に出版社に就職しましたが、3年で結婚して退社。子供はおらず、その後離婚して30歳から再び働き始めました。現在はフリーランスのライターとして独立しながら数社から業務の委託を受けて個人事業主として仕事をしています。

ではBさんの現在、および今後の状況がどのようになるのかを見てみましょう。

Bさんの場合は、先ほどのAさんとは状況が全く違います。まずはフリーランスであること、そして独身であることです。（図7）

そこで老後に向けた資金作りの考えかたは普通のサラリーマンとは全く別の方法が必要になってきます。それについて考えていきましょう。

図7　40歳Bさんの例

項目	状況
本人	40歳　独身女性　フリーランス
公的年金	65歳支給で月額6.5万円（見込）
個人型確定拠出年金	10年前に加入、現在残高450万円
金融資産	800万円（預金600万円　投資信託200万円）

①公的年金の少なさをカバーする

フリーランスですから、身分や収入の保障はありません。それにサラリーマンと比べると公的年金の額はかなり少なく、3分の1程度しかありません。

したがって将来、公的年金だけで生活するというのはかなり難しいと言って良いでしょう。

このため、サラリーマンでは利用できない複数の制度を使って現役で働けるうちにできるだけ多くの老後資金を積み立てて置く必要があります。

その第一が、既に10年前、仕事を始めた時から積み立てているiDeCo《イデコ》（個人型確定拠出年金）です。

②iDeCoへの積立金を増額する

Bさんは、幸い意識も高く、制度の知識もあったようですので、フリーランスとして働き始めた10年前からiDeCoには加入していたようです。現在の残高が450万円ですから恐らくこれまでは月に3万円ぐらいを積み立てていたのでしょう。

フリーランスの場合、積立て限度額は最高月額6万8千円です。かつ、この掛金全額が所得控除となりますので、年収にもよりますが、掛金を目一杯掛けた場合、恐らく毎年の税金も20万円以上戻ってくることになるでしょう。したがって、現在行っているiDeCoへの積立金はできる限り増額をすべきだと思います。（第6章でくわしく説明します）

③小規模企業共済を利用する

正規社員と異なり、退職金や企業年金はありませんから、その分、自らの蓄えを充実させることが重要であることは言うまでもありませんが、単に貯蓄や投資を増やすのではなく、できるかぎり税制優遇を得られる制度を活用すべきです。iDeCoはもちろんその一つですが、この他にもフリーランスであるが故に利用できる制度があります。

例えば、小規模企業共済の場合は、自営業であれば利用でき、iDeCoとは別に月額で最高7万円までは積み立てることが可能です。こちらも同じように掛金の全額が所得控除となりますので、収入が増えていっても生活を派手にせず、この制度も使ってしっかりと積み立てていきたいと思います。（＊1）

④できるだけ長く働く

フリーランスの場合、前述したように収入も身分も不安定ではありますが、サラリーマンのように定年はありません。したがって、できるだけ長く働けるような方法を考えるべきです。加えて公的年金自体は少ないものの、繰下げを行うことで支給額は大きく増やすことができます。

65歳から受給を始めると月額6・5万円ぐらいですが、例えば70歳ぐらいまで働き、

＊1
小規模企業共済
https://www.smrj.go.jp/kyosai/skyosai/

そこからの5年間をｉＤｅＣｏを取り崩しながら生活し、75歳から公的年金を受取り始めると月額で約12万円ぐらいの金額が終身で受取れます。

これをベースにしてそれまでに蓄えた資金や小規模企業共済などを充当していけば、単身者であれば、生活していくことは十分可能だと思います。いずれにしてもフリーランスならではの、「できる限り長く働く」ということを活用すべきでしょう。

ポイント

ポイントとなるのはできるだけ若いうちに働いて収入を増やし、公的年金の少ない分をｉＤｅＣｏや小規模企業共済で賄うことだろうと思います。

加えて、長く働くことで年金支給時期を繰り下げれば、国民年金部分しかないとしても、それなりの生活水準を維持することは可能です。

（3）30歳Cさん（夫婦同い年で共働き）の例

今回のケースは比較的若い夫婦のケースです。夫はベンチャー企業勤務で妻は会計事務所勤務。二人とも同い年で生後8か月の子供がいるという設定です。（図8）

まだ若いですから、これからのライフプランも未定の部分は多いです。今後の子供の数や、住宅購入の有無、転職等、変数が多くなるため、現時点では「老後資金作り」を想定するのはなかなか困難ではあります。しかしながら、老後資金作りの基本は、本来なら若いうちから時間をかけて行うべきです。そこである程度のバッファ（余裕）を持ちながらも、原理原則に沿って考えてみましょう。

Cさんは共働きであり、二人とも厚生年金に加入しているというのが、老後の生活の一番土台となる公的年金に関しては、決定的なアドバンテージになると言って良い

図8　30歳Cさんの例

項目	状況
夫	30歳　ベンチャー企業勤務
妻	30歳　会計事務所勤務
子供	現在は一人
公的年金	65歳支給で月額30万円（夫婦）
企業年金	なし
退職一時金	夫なし・妻500万円
金融資産	300万円

でしょう。

ただし、夫はベンチャー企業勤務なので、まだ退職給付制度はありません。妻はいくらか退職一時金はあるものの、それほど多くは期待できません。

今後も子供の教育費等があることを考えると、できる限り保守的に見積もって、今後の生活の中での老後資金作りのプランを考えていくべきかと思います。

①夫婦共働きは続ける

前述のとおり、Cさんの最大のアドバンテージは夫婦共働きで、なおかつ二人とも厚生年金に加入して働いていることです。もちろん、そういう中で子供を育てていくというのは、それほど容易なことではないでしょうが、このアドバンテージを失うことのデメリットは非常に大きいですから、夫婦共働きは続けるべきでしょう。

さらにできれば今後転職することがあったとしても、勤め人として働く限りは厚生年金に加入しておくのが大原則だと思います。

自営業になるとか、起業するということであれば全く戦略は異なってきますが、少なくとも会社で働き続けるのであれば、現在の状況を維持していくことが大原則です。

②二人ともiDeCoに加入する

企業年金も退職金もほとんどないか、少ないことを考えると、その分、自助努力による蓄えはこしらえておくべきです。

この場合、夫婦二人とも、勤め先に企業年金はありませんから、月額2万3千円まで積み立てることが可能です。二人で4万6千円、生活に必要な支出はまず、この金額を二人の収入から差し引いたところからスタートすべきです。

もし、30歳の現在から60歳までの30年間積み立てると積立額だけでも１６５６万円となります。仮に２％で運用ができたとすれば、元利合計は２２６７万円となりますので、一流上場企業の退職金や企業年金に匹敵する金額となります。

この場合は30歳という早い年齢から長期にわたって積み立てられることが最大のメリットになると言って良いでしょう。

③支出の管理を徹底する

これは、老後資金に限らず、家計管理全般に言えることですが、支出管理を徹底することがとても大切です。

子供がいますので、どちらかに万が一のことがあった場合の保障として生命保険も必要ですが、片方が専業主婦（夫）ではなく、共働きですから、すぐに生活に困ることはないでしょうし、遺族年金の存在も考えると、生命保険に加入するにしても生涯の必要はなく、子供が成人するまでの期間だけで十分です。

さらに、もし会社で団体定期生命保険のような制度ができたら、そちらに加入すべきだろうと思います。要は必要な保障額と、それを賄うための資金の出所を冷静に考えることです。

④この場合も年金繰り下げは必須

現時点ではまだ若いので、将来の年金受取り方法などはあまり考えることができないでしょうが、やはり原理原則は繰下げです。繰り返し述べたように「公的年金」の最も大きな役割は長生きした場合の「保険」ですから、できるだけ後にずらして、その分、手厚く給付を受けるほうが良いと思います。

ただ、Cさん夫婦の場合は、二人とも繰り下げるのではなく、妻の分だけを繰り下げるということでも良いと思います。

平均寿命を考えると妻のほうが長生きするでしょうが、収入も夫婦の間でそれほど差がないとすれば、夫が亡くなった場合には遺族年金を受取るよりも、奥さんが自分自身の厚生年金を受取るほうが有利になるはずです。したがって、夫の年金は65歳から受取り始めたとしても、妻の年金を繰り下げることで、ゆとりある給付を受けることができるでしょう。

ポイント

Cさん夫婦で最も重要なポイントは、今後も厚生年金に入って共働きで働き続けることだろうと思います。

第3章第1節（→113ページ）でも述べたように生涯賃金で考えた場合、共働きは専業主婦に比べて2億円ぐらい差が出ることもあるからで、若いうちから共働きで働いているメリットはフルに生かすべきです。

あとは企業年金や退職金のない分を自助努力で賄うために有利な制度であるiDeCoは二人とも、積極的に利用すべきでしょう。

（4）52歳Dさん（中小企業に勤めていて共働き）の例

4例目は共働きですが、年齢的には定年が視野に入ってきた頃です。現代においては、最も一般的なサラリーマン家庭と言えるでしょう。

Dさんも夫婦共働きですから公的年金は比較的安定しています。恐らく日常生活費に関しては公的年金だけで余裕があるでしょうし、場合によっては旅行や趣味などにも一部を回せるかもしれません。（図9）

そのあたりを前提に、この場合の老後資金プランと対策を考えてみましょう。

Dさんの特徴は夫婦ともに退職金はそれほど多くないものの、合計するとある程度まとまった金額になることです。また一方では奥さんの勤め先に企業年金があるので、

図9　52歳Dさんの例

項目	状況
夫	52歳　運送会社事務職勤務
妻	42歳　大手スーパー事務職勤務
公的年金	65歳支給で月額28万円（夫婦）
企業年金	妻のみあり。5・10・15年の有期で選択制 15年の場合、月額3万円
退職一時金	夫800万円　妻500万円
金融資産	700万円（預金400万円、投資信託300万円）

これも加えると日常生活費はかなりゆとりができます。

一方で年齢差があることを考えると、将来、奥さんの一人暮らし期間が長くなることが想定されます。そうした基本的な状況設定を踏まえて、いくつかの戦略を考えてみましょう。

①夫婦で年金繰り下げパターンを変える

公的年金の繰り下げは、支給額を増やす有力な手段であるということは今までお話したとおりですが、このケースでは夫婦で年金繰り下げパターンを変えるべきでしょう。

具体的に言えば、夫は繰下げをせずに65歳から受取り始める、そして妻は逆に思い切って繰下げし、75歳からにします。この最大の理由は歳の差です。

夫が65歳に達した時点では妻はまだ現役で働いていますから、夫も年金を受取らずに繰下げをしてもかまいません。

ただ、繰下げをすると、妻が受取る加給年金（年額で約39万円）が受取れなくなります（＊2）。したがって、夫の公的年金は通常どおりの支給開始で受取れば良いでしょうし、逆に妻の場合は企業年金を15年の有期に指定しておけば、75歳までは毎月3万円を受取ることができます。

そこで妻の分の受取り開始を75歳にすることで、仮に65歳からの妻の受給額が月額14万円とした場合、75歳からの受給額は月額25万円強となります。この金額であれば、夫が亡くなっていても十分生活していくことは可能です。

②夫婦ともに65歳まで働く

できる限り長く働くほうが良いのは誰にとっても同じなのですが、Dさんの場合は

＊2
加給年金：日本年金機構ホームページ
https://www.nenkin.go.jp/service/jukyu/roureinenkin/kakyu-hurikae/20150401.html

夫婦ともに65歳まで働くのが良いでしょう。少なくとも65歳の夫の公的年金支給開始までは十分な収入が期待できますし、それ以降も妻が働く収入がありますから、生活面での不安はありません。

加えて妻が65歳になるまでの10年間、加給年金が年額約39万円は受取れますし、妻が60歳になれば、企業年金も受取ることができますので、恐らく生活資金のみならず趣味などの自己実現費もこれで賄うことができるでしょう。

③今からでもｉＤｅＣｏに加入しておく

法改正によって国民年金に加入していればｉＤｅＣｏは65歳まで加入できるようになりました。夫の場合は企業年金のない会社に勤めていますので月額２万３千円、妻の場合は企業年金のある会社ですから月額１万２千円までは積立てが可能です（ケースによってはもう少し増やせる場合もあります）。

したがって、夫の場合、65歳まで積立てを続けると約３５８万円、妻の場合も65歳まで加入すると積立額の累計は約３３１万円ですので、合計すれば７００万円近くになります。

もし年率2％で運用できればその金額は830万円ぐらいになります。退職金に加えて、これだけの老後資産を作っておけば、さらに安心できるでしょう。

④退職金と手持ちの預金は取り崩さない

Dさんの場合、退職金は夫婦それぞれを合計すると1300万円となりますし、現在持っている金融資産が700万円ですから、まとまった形で保有できる金額は合計2000万円。これに前述のiDeCoを積み立てると2700～2800万円ぐらいになります。

Dさんの場合は公的年金と企業年金でかなりゆとりをもって生活できるでしょうから、退職金や保有する金融資産は崩さなくても良いと思います。

むしろ将来的には妻一人の期間が長くなることを考えると、まとまった資金はできるだけ崩さずに取っておき、将来高齢者向け施設への入居費用としておけば安心なのではないでしょうか。

ポイント

Dさんの場合は、老後資金といっても普通に生活している限り、ほぼ何も問題はなさそうです。やはり夫婦共働きで厚生年金に入っており、かつどちらか一人でも企業年金があるということが大きいと思います。

ただ、気を付けるべきことは、他の人に比べてキャッシュフローが潤沢にあるため、お金を使い過ぎないようにすることです。そのためにも中途で下ろすことができず、自動引落で積み立てていけるiDeCoの利用は必須だろうと思います。あとはなるべく退職金+保有資金を崩さないことでしょう。

5

55歳Eさん（独身男性　サラリーマン）の例

最後は、定年をあと5年後に控えた独身サラリーマンEさんです。最近は生涯未婚率が高くなってきていますので、定年前で独身の人も多いかと思います。独身の場合、一般的には医療や介護にかかる費用を少し多めに見ておく必要があるでしょう。なぜならパートナーがいない場合、必然的に介護はお金で賄う部分が多くなるからです。

Eさんの問題点は、現在の保有金融資産が少ないことでしょう。どんな事情だったのかはわかりませんが、現時点で金融資産が100万円しかないというのは心細いと言えます。加えて、退職一時金はあるものの、企業年金はありません。そのあたりのことを前提として老後資産形成を考えることが必要かと思います。

図10　55歳Eさんの例

項目	状況
本人	55歳　独身男性　サラリーマン
公的年金	65歳支給で月額15万円(見込)
企業年金	なし
退職一時金	1,000万円
金融資産	100万円

①70歳まで働く

現時点での金融資産が少なく、かつ企業年金もないことから、大原則はできる限り働き続けることだろうと思います。

サラリーマンですから65歳までは再雇用等で継続して働くことができますが、現時点では必ず70歳まで働けるという保証はありません。２０２０年に改正された「高年齢者雇用安定法」によって企業は70歳までの就業機会の確保を努力義務にするように定められてはいますし、今後70歳まで働ける企業は増えると思いますが、自分でも70歳までに働く準備はしておくべきでしょう。

この後述べますが、70歳までは年金を受取らず働いて得る収入だけで生活するようにすれば、そこから先の年金受給額にもゆとりが出てくるからです。

②公的年金は70歳から受取り始める

ここまで何度かお話したように公的年金の受給開始は60〜70歳までの間で選ぶことができます（2022年4月からは60〜75歳まで選択枠が広がります）Eさんがもし70歳まで働いて、そこから公的年金を受取り始めるようにする場合、65歳からであれば受取れる月額の年金受給額15万円は21万円にまで増えます。単身世帯で21万円の年金受給であれば、比較的ゆったりとした生活を送ることができるでしょう。

総務省の労働力調査によれば、2017年の時点で70〜74歳で働いている人の割合は27・2％となっていますから、もしEさんが75歳まで現役で働いて、そこから公的年金を受取るとした場合、月額27万6千円となりますので、こうなると一人暮らしとしてはかなり余裕のある生活を送れます。要はできる限り働き続けるということがとても重要なのです。

③iDeCo《イデコ》だけでなく、つみたてNISA《ニーサ》も始める

さて、Ｅさんの問題点は企業年金がないことと、手持ちのお金が少ないということでした。企業年金のない分は長く働いて年金を繰り下げすることでカバーできますが、問題は手持ちの金融資産が１００万円しかないことです。

冒頭にお話したように単身者の場合、要介護になる可能性を考えるとできるだけ手持ちの現金を多くしておきたいものです。そこでここからでも決して遅くありませんので、税制優遇を使った積立投資を始めるのが良いと思います。

手段としてはｉＤｅＣｏが優先順位第一ですが、Ｅさんの場合、65歳まで積み立てても10年しかありません。ということは積立限度額上限いっぱいを積み立てても２６７万円にしかなりません。

したがって、ｉＤｅＣｏだけではなく、つみたてＮＩＳＡも同時に始めるべきでしょう。つみたてＮＩＳＡの利用上限額は年間40万円です。こちらは年数の制約がありませんので、70歳まで働く間の15年間、毎年積み立てて行けば６００万円となります。ｉＤｅＣｏと合わせて８６７万円ですが、運用益を低めに見積もったとしても

1000万円近くにはなると思います。これでも必ずしも十分とは言えませんが、退職金の1000万円も合わせると2000万円ぐらいにはなりますので、単身者の医療・介護のための費用としてはまずまずだろうと思います。また、iDeCoでの積立てに掛け金を出した場合、その掛け金の全額が所得控除されますので、10年続けて積み立てれば税金の還付も数十万円は見込めます。

ポイント

どうやらEさんの場合のキーポイントは、なんと言っても長く働くことに尽きるようです。今後の日々の収支については、赤字が発生することのないよう、厳格に管理していったほうが良いでしょう。

加えて、55歳の時点でも遅くないので、「iDeCo」や「つみたてNISA」といった税制優遇のある制度を活用することも欠かすことはできません。これができれば、70歳からの年金受給と手持ち資金でゆとりある生活を送ることが可能になると思います。

第6章

金融商品、一刀両断！

金融商品とは一体何？

金融商品とは一体何を表すのでしょう？　最も身近なものは銀行の預金や郵便局の貯金でしょう。価格が変動するリスクのある金融商品として代表的なものは株式や投資信託です。また、一般の人にはあまりなじみがないかもしれませんが、国債や社債といった「債券」と言われるものもあります。

加えて、お金を増やすための金融商品ではなく、何か困ったことが起きた時の保障機能として「保険」というのも広い意味での金融商品と考えれば良いでしょう。

「金融商品などと言われても、そんなものは買ったことがない」という人がいるかもしれませんが、少なくとも預金や貯金をやっていない人はまずいないでしょう。

お金を全部壺に入れて床の下に埋めている人もゼロではないでしょうが、まあそんな人はほとんど居ないと思います。したがって、正しくは「金融商品を買ったことがない」のではなく、「預貯金以外の金融商品は利用したことがない」という人が多いということでしょう。

実を言うと、この20年ぐらいの間はそれでも良かったのです。なぜなら長い間デフレの時代が続き、物価が大きく上昇しなかったので、預金に置いていてもお金が目減りすることはありませんでしたから、儲けることはできなくても損をすることはありませんでした。ただ、この先もデフレの時代が続くかどうかはわかりません。

だとすれば、預貯金だけではなく、株式、投資信託、債券といった価格変動のある金融商品に投資をすることが必要になるかもしれません。

これも第2章でお話したように投資をするやりかたには「リスクを取って積極的に儲けよう」というのと「お金の価値を維持する」という二通りがあります。

本章では主に後者のやりかたで過大なリスクを取るのではない方法を紹介したいと思っています。ただ、その前にこういう金融商品は買うべきではない、というジャンルのものをいくつか紹介することから始めたいと思います。

（1）買ってはいけない金融商品

買ってはいけない金融商品には、いずれも共通する特徴があります。それは次の三つです。

①手数料が高い

金融商品の良し悪しを判断する時に最も重要なのはコスト、すなわちその商品を提供する業者が徴収する手数料です。よく「過去の実績が良かったとか、運用成績が良かったから良い商品だ」と考える人もいますが、これは間違いです。なぜなら運用成績というものはどこまで行っても不確実なものであり、今まで良かったからといってこれからも良いとは限らないからです。

ところが手数料というコストは確実に利益に対してはマイナスに作用します。したがって、手数料が高いか安いかはとても重要です。株式や投資信託といった金融商品は手数料がすべて開示されていますが、保険商品にはどうもこの「手数料」という概念がないようで、ほとんどの保険商品ではコスト、すなわち「経費率」は開示されていません。保障を目的に保険を利用するのなら良いですが、資産運用目的で運用するのはやめたほうが良いということを第2章でお話ししたのもこういう理由からです。

②仕組みが複雑

これは金融商品に限らず、およそ世の中のものは原則としてシンプルイズベストと言って良いだろうと思います。例えば家電製品の場合、複雑で多機能になればなるほど、値段は高くなるし、故障もしやすくなる。金融商品も同様で手数料は高くなるし、どこにリスクがあるのかが見えにくくなります。

ではなぜ複雑な仕組みのものを作るのかというと、そのほうが業者にとっては収益機会が増えるからです。オプションを組み入れたり、外国為替を絡めたりすれば、そこから生じる手数料も多くなります。

例えば、分配金を定期的に出す投資信託の場合、今のような超低金利の時代だと、安定的に高分配を出すのは困難です。そこで株式や通貨のオプション取引を組み合わせることで収益を生み出そうとするのですが、それらは多くの場合、非常に高いリスクを負うことになり、かつ、それが素人にはよく見えないという問題があります。したがって、そういう商品には近づかないことが賢明です。わからなければ仕組みを聞く。聞いてもよくわからないのであれば買わないというのが正解でしょう。

③耳ざわりの良い名前

これは「どうしてなのか？」と思われるかもしれませんが、複雑な商品に限ってイメージを良くするために、シンプルでわかりやすい商品名がついていることがあります。

例えば、「個人年金」という名前が付いていたら、「頼りにならない国の年金を補う頼もしい味方」みたいなイメージが湧いてきますし、「毎月分配型」という名前は、2か月に一度しかもらえない年金を補ってくれるという印象を与えます。

投資信託の中には、名前が長いために愛称を付けているのもあります。例えば「○○の達人」とか「○○君」といった親しみやすいものです。でもそんな愛称だけで買う人はいないでしょうから、これは別に問題はないと思いますが、前述のような個人年金とか毎月分配型というのは商品性を誤解させかねませんので、こちらもよく中身を確認することが必要でしょう。

私が考える〝買ってはいけない金融商品〟とは？

さて、それでは私が考える「買ってはいけない金融商品」と、その理由をお話ししましょう。

①外貨建て保険

日本が長い間、超低金利になっていることから、少しでも金利の高い外国の債券等で運用することによって、保障を得ながら高利回りを目指そうというのが商品のコンセプトです。

ところが、そもそも為替相場というのは短期的には需給関係が中心で動くためにどちらの方向に動くかはなかなか読めませんが、長期的にはその国の通貨の購買力が等しくなるように交換比率が調整されていくものです。端的に言えば円で債券を買ってもドルで買っても長期的にはほとんど変わらないということになります。高い金利だと思っても為替が円高になることで調整されて同じになってしまうのです。

加えて短期的には為替相場は大きく変動することもありますので、結果として円高に振れてしまうと、損失が生じることもあります。

２０１８年に外貨建て保険で起きた加入者からの苦情は２５００件を超えており、これは統計を取り始めた２０１２年から4倍以上になっています。

その多くは「元本保証だと思っていた」とか「貯蓄だと思っていたのに保険だった」といったもので、どうも商品の内容をきちんと理解されていないことから問題が起きているようです。購入者が勉強不足なのか、販売者が説明不足なのか、恐らくその両方のような気がしますが、いずれにしても前述したように保険商品で資産運用を考えるのは大きな間違いです。

保険の本質はできるだけ安い保険料で大きな保障を得ることですから、貯蓄や投資の対象として保険は考えないほうが良いと思います。

②毎月分配型投資信託

ひと頃ほどではないですが、相変わらず分配型投資信託のニーズは強いようです。資産運用や資産形成を考えた場合、増えたお金を受取らずにそのまま運用に回すことが、結果として複利効果を生み、資産が大きく増えるコツであるにも関わらず、なぜ分配型投資信託が多いのか。主にこれは高齢者のニーズでしょう。

定年退職した人はサラリーマンとしての長年の習性から、定期的に給料のようにお金を受取ることを好む傾向があります。特に公的年金は2か月に一回、偶数月にしか支給されないため、それを補う方法として分配型を求めているのです。

さらに、その分配金も、運用の結果、増えた分からの分配だけならまだしも、運用成績が不振で全体が下落している時でも元本を取り崩して分配金が支払われています。しかもこうした分配型投資信託というのは手数料も割高です。

仮に定期的にお金を受取りたいのであれば、運用資金の一部を預金にしておき、定期引き出しをすれば良いだけで、何も高い手数料の投資信託を買う必然性は全くありません。

それに分配金を捻出するために前述のようなオプション取引を使ったりしている場合もあるため、商品によっては過大なリスクを取る仕組みになりがちです。

トータルで考えてみても毎月分配型投資信託というのは、あまり筋の良い金融商品とは言えないでしょう。

百歩譲って、高齢者であれば高い手数料であろうが、計画的に自分の資産を取り崩す方法として選択することはわからないでもないですが、少なくとも現役世代や若い人達は絶対に買ってはいけない投資信託だと思います。

③ファンドラップ

ファンドラップというのは、ある程度まとまった資金を証券会社等の金融機関に預け、投資信託の運用をお任せするサービスです。金融機関は顧客に代わって複数の投資信託を購入して運用します。運用の素人でも任せておけるので安心ということで積極的に顧客に勧められています。

そもそも、このサービスの元になっているのは米国で1975年に誕生したラップアカウントです。ラップアカウントは本来富裕層向けのサービスで、最低でも数千万～数億円が契約条件でしたが、ファンドラップになってからは取り扱い金額が下がり、現在では数百万円でも可能です。

この最大の問題点は手数料が極端に高いことです。

商品によって差がありますが、投資家が負担する手数料は毎年2～3%にもなります。これがいかに高いかは通常の投資信託の場合、その多くが手数料0・2%程度になってきていることからもわかります。

過去20年間の日経平均の平均リターンは2%程度ですから、下手をすると手数料だけでマイナスになりかねません。別にこんなものを買わなくても自分で投資信託を買えば手数料は10分の1程度で済みます。金融機関はいろいろな理由で勧めてくると思いますが、ファンドラップは間違いなく買ってはいけない金融商品と言えるでしょう。

この他にも細かく見ていけば資産運用に適さない商品はたくさんありますが、代表的な商品ということでこの三つを挙げてみました。

私は証券会社や保険会社に勤務する人、あるいはかつて勤務した人をたくさん知っていますが、面白いことに、そういう人達の中にはこれらの商品を買っている人は一人もいません。どうやらこれらの商品の実態を象徴しているような気がしますね。

では逆に資産形成や資産を守るためには、どんな金融資産を活用するのがふさわしいのでしょうか、次節から考えてみましょう。

②国際分散投資を知る

第2章第2節（↓076ページ）で、投資は安易に考えてはいけないと言いましたが、言うまでもなく投資が悪いわけではありません。何もわからないまま、安易に投資をするのが良くないのであって、資産を長期的に増やす方法としては、株式投資に勝るものはないと言っても良いでしょう。

図11をご覧ください。これは全米個人投資家協会（AAII）という団体のWEBサイトに載っている図です（＊1）。1802年から2013年まで、何と220年近くにわたるこの図は、米国市場の株式（配当金込み）、債券、米ドル、そして金のこの

＊1 https://www.aaii.com/journal/article/real-returns-favor-holding-stocks?via=emailsignup-readmore

図11　Total Returns on U.S. Stocks. Bonds. Bills and Dollar, 1802-2013

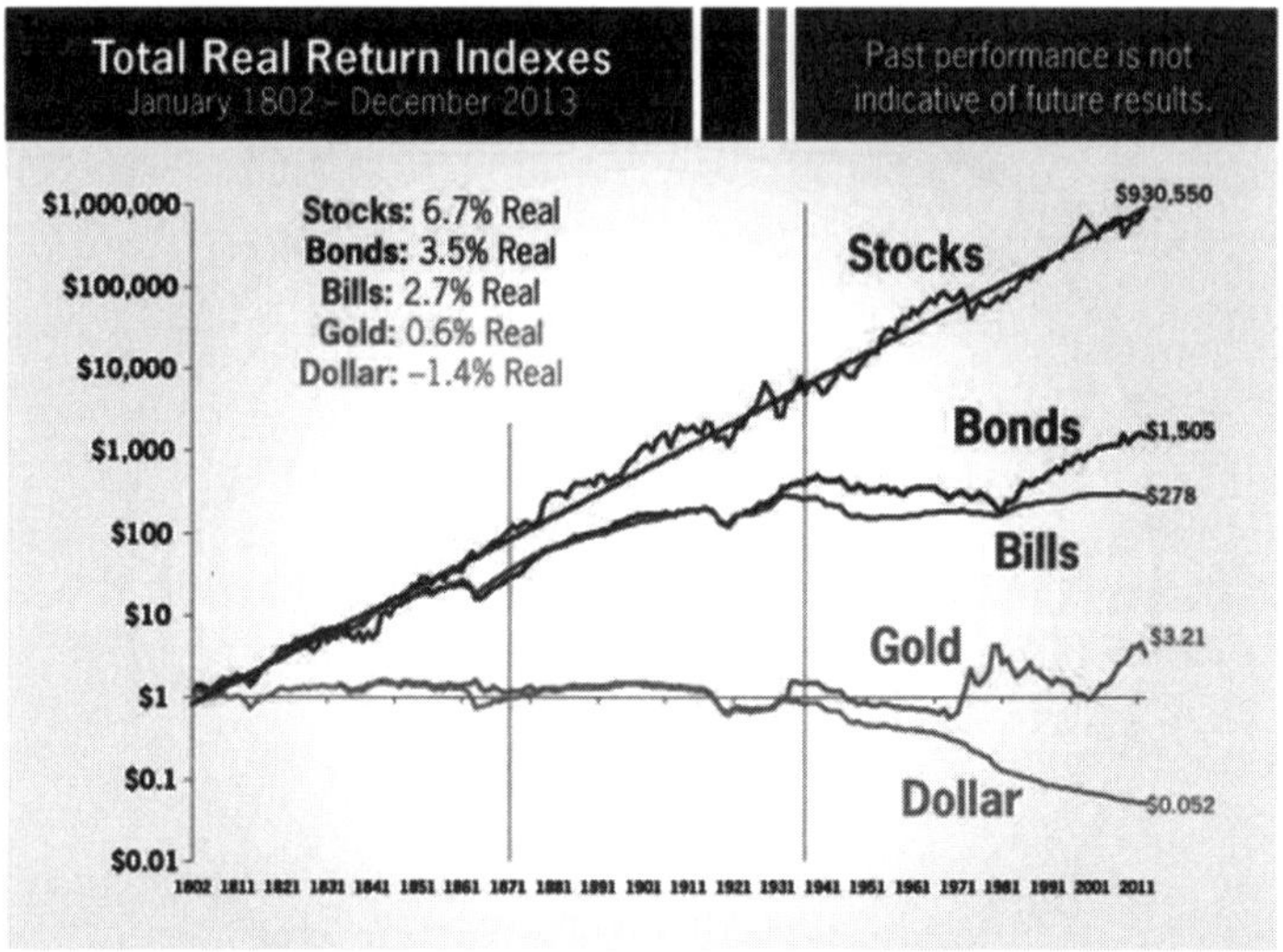

間における価値の推移を表したグラフです。（ドル建て）

Stocksが株式、Bondsは長期債、Billsは短期債、そしてGoldは金であり、Dollarが米ドルです。これを見ると一目瞭然で株式がずば抜けていることがわかります。

この理由は単純明快です。この中で唯一株式だけが成長することによって、新たな価値を生み出すものだからです。

もちろん債券も利息という価値は生み出しますが、これは言わば借金です。借金には成長性はありません。

株式は時代とともに成長する業種

や企業は交代しています。今ならＧＡＦＡと言われるネット関連企業がアメリカの経済を支えているようですが、１９７０年代は石油、１９１０年代はT型フォードによって自動車産業が時代の成長業種だったのです。つまり長期に時間をかけて資産を増やすのであれば、株式市場に投資を続けることが最も合理的なのです。これは資本主義の世の中が変わらない限り、今後もずっと続くと思います。

このグラフはアメリカの株式を例にしたものですが、これが日本でもその他の国でも２００年という長い期間で比べれば、恐らく大差はないだろうと思います。ただ、20年とか30年単位になると話は違います。

米国は70～80年代は低迷しましたが、日本はその間、株式市場は基本、好調でした。逆に90年代に入ると日本は長い「失われた30年」に入って低迷しますが、その間の米国は大幅に上昇しています。

つまり、われわれが資産形成を考える20～30年ぐらいの単位で考えた場合は、低迷する市場に投資をしてしまうと、あまり報われないということになります。

ではどの市場、どのカテゴリーの資産に投資をすれば良いのでしょうか？　実はこ

図12　資産カテゴリごとの年間騰落ランキング推移（2004－2018）

高↑ 騰落率 ↓低

	2004年	2005年	2006年	2007年	2008年	2009年	2010年	2011年
1位	国内株式 11%	国内株式 45%	外国株式 24%	外国債券 5%	国内債券 3%	外国株式 38%	国内債券 2%	国内債券 2%
2位	外国株式 10%	外国株式 25%	外国債券 10%	外国株式 4%	外国債券 -15%	4資産分散 13%	国内株式 1%	外国債券 0%
3位	4資産分散 8%	4資産分散 19%	4資産分散 9%	国内債券 3%	4資産分散 -29%	国内株式 8%	外国株式 -2%	4資産分散 -6%
4位	外国債券 7%	外国債券 10%	国内株式 3%	4資産分散 0%	国内株式 -41%	外国債券 7%	4資産分散 -3%	外国株式 -9%
5位	国内債券 1%	国内債券 1%	国内債券 0%	国内株式 -11%	外国株式 -53%	国内債券 1%	外国債券 -13%	国内株式 -17%

高↑ 騰落率 ↓低

	2012年	2013年	2014年	2015年	2016年	2017年	2018年
1位	外国株式 32%	外国株式 55%	外国株式 21%	国内株式 12%	外国株式 5%	国内株式 22%	国内債券 1%
2位	国内株式 21%	国内株式 54%	外国債券 16%	4資産分散 2%	国内債券 3%	外国株式 19%	外国債券 -4%
3位	外国債券 20%	4資産分散 32%	4資産分散 13%	国内債券 1%	4資産分散 2%	4資産分散 11%	4資産分散 -7%
4位	4資産分散 19%	外国債券 23%	国内株式 10%	外国株式 -1%	国内株式 0%	外国債券 5%	外国株式 -10%
5位	国内債券 2%	国内債券 2%	国内債券 4%	外国債券 -5%	外国債券 -3%	国内債券 0%	国内株式 -16%

出典：

国内株式：東証一部時価総額加重平均収益率／外国株式：MSCIコクサイ（グロス、円ベース）／国内債券：野村BPI総合／外国債券：FTSE世界国債（除く日本、円ベース）／4資産分散：国内株式、外国株式、国内債券、外国債券の4資産に25%ずつ投資したポートフォリオ、毎月末リバランス

れは誰にもわかりません。図12をご覧ください。これは2004年から2018年までの各年に、パフォーマンスが良かったカテゴリーを順番に並べています。

全くバラバラで何の法則も関連性もありません。つまりこれから何が上がるのかは全くわからないということなのです。

であるとすれば、一体どうすれば良いのでしょう？　答えは簡単です。どこの国、どこの市場の株がこれから一番上がるのかわからないのであれば、全部買えば良いのです。

「え！　そんなことができるの？」と思われるかもしれませんが、投資信託という手段を使えばそれは可能です。

昔と違って今は、世界中の株式市場を市場の規模毎に割合を決めたり、あるいは国や地域別のGDPの規模別に割合を決めたりして全世界の株式に投資をする投資信託がいくつもあります。そしてそれは一口1万円とか千円、場合によっては百円で購入することもできるのです。したがって、まとまったお金がなくても、そういう投資信託を買うことで、世界中の株式にまとめて投資をすることができます。

それともう一つ考えておかねばならないのは、それを「どのタイミングで買うのが良いか?」ということです。でも、これもいつが良いかなんて誰にもわかりません。だったら、タイミングを考えなければ良いのです。すなわち毎月少しずつ定額で購入を続けるのです。このやりかたは「積立投資」と言います。

私自身、自分が定年になった8年前から国際分散投資のできる投資信託を毎月少しずつ購入し続けています。それほど儲かっているわけではありませんが、年利回りに直すと4%ぐらいにはなっていますので悪くはないと思います。手数料も0・2%程度ですから、前述のファンドラップとは比較にならないぐらい安いです。

私がこの投資信託を購入しているのは、積極的に儲けようと思っているわけではなく、前にもお話したように、自分のお金の購買力を維持するために続けているのです。私は執筆時現在、年齢は68歳ですが、仮に私が今30歳ぐらいだったとしてもこの方法で投資信託を購入し続けると思います。それが資産を安定的に増やしていく最も合理的な方法だからです。

もちろん投資信託はこういう国際分散投資のできるものだけではありません。特定の市場に投資するものもありますし、投資先を選ぶにあたって、運用の専門家であるファンドマネージャーに任せるという方法もありますので、このタイプの投資信託が絶対ということはありません。何を選んでも良いのですが、注意すべきなのは、手数料があまり高いものはやめておいたほうが良いということです。

そうは言っても「価格変動のリスクのあるものには投資をしたくない」という人もいるでしょう。年齢的なことや性格的なことでそういう判断をする人も当然います。

その場合は一体どうすれば良いのか？　次にそのお話をいたします。

(3) 個人向け国債を知る

自分のお金の購買力を維持する

前節でお話ししたように国際分散投資というのは、生涯を通じて資産形成をするには最も適した手段だと私は思います。第2章第2節（↓076ページ）で論じたように、投資には「リスクを取って積極的に儲けることを目的とする」やりかたと「自分のお金の購買力を維持することを目的とする」やりかたの二通りありますが、国際分散投資というのは、まさに後者の手段といって良いでしょう。「投資で稼ぐこと」を「働いて稼ぐこと」に置き換えて例えてみると、この「国際分散投資」は、まさにサラリーマンの働きかたに近いといっても良いでしょう。毎月一定額で長期に投資を続けるわけですから、毎月決まった給料が受取れるサラリーマン的な儲けかたです。もちろんリスクはありますが、自営業ほど大きなリスクはありません。

そういう意味では前者の「リスクを取って積極的に儲ける」のは自営業の働きかたに通じる面があります。儲かる時はサラリーマンよりもはるかに儲かるものの、浮き沈みが激しい（リスクが大きい）ことも事実です。したがって、投資が好きな人は別でしょうが、一般の人が資産形成を行うには、長期にわたって国際分散投資を継続するのが最も良い方法だと思います。

ただ、そういうやりかたをしたからといって、リスクがないわけではありません。当然、短期的には価格変動の影響を受けますから、評価益や評価損は必ず生じます。中には資産形成や資産運用にあたって、そんな評価損の発生を受容できない、価格変動リスクを取りたくないという人もいるでしょう。そういう人であれば、預金や債券で運用するのが良いと思います。中でも債券の中に「個人向け国債　変動10年」というのがあります。運用にあたって価格変動リスクを取りたくないのであれば、これがベストでしょう。この国債は満期が10年ですが、金利が変動します。通常の国債は金利が固定されていますが、「個人向け国債　変動10年」は、その時の金利の上下に合わせて支払われる利息が変化するのです。

自分のお金の購買力を維持するということは、将来、物価が上昇してもお金の価値が減らない程度に増やすことを意味します。経済の大原則から言えば、物価が上昇した場合、多少のタイムラグはあったとしても金利は上昇します。したがって、今後の経済情勢によって金利が変動する国債は、今のような超低金利の時代には、悪くない金融商品だと思います。

金利は変動しますが、最低でも現在の利率0・05%を下回ることはありません。今後金利が上昇すれば、半年ごとに利率が改訂されます。

満期までの期間は10年ですが、発行してから1年経過すれば、いつでも中途換金は可能です。その場合、中途換金調整額として、直前2回分の利子相当額に0・7968５を掛けた金額が差し引かれるだけですので、元本割れするという心配はありません。購入単位も1万円以上1万円単位で購入できますので、誰でも購入することは可能です。

本来であれば、インフレに対応するには、物価動向に合わせて元本が変動する「物価連動国債」が一番良いのですが、残念ながら、これはかなりまとまった金額でないと個人で購入できませんので、現時点では「個人向け国債　変動10年」が最も合理的な選択肢と言って良いでしょう。

預金も全くダメなわけではない

では預金はどうでしょう？　預金金利は非常に低いのでお金を増やすことは難しいでしょうが、これも変動金利国債同様、将来物価や金利が上昇していけば同じように利率も上がります。したがって預金で置いておいても悪いということはありません。ただ、もし預金を利用するのなら、今の時点であれば普通預金でも十分だと思います。

メガバンクのような主要な銀行では２０２０年11月現在で、定期預金の金利は年率で０・００２％、普通預金は０・００１％です。仮に１００万円を預けた場合、定期預金の金利は1年で20円、税金を引くと16円です。普通預金の場合は同じ１００万円で金利は10円、税引き後は8円ですから、その差は8円しかありません。1000万円預けても80円しか違わないのです。だとすれば、定期預金に比べて流動性や利便性ではるかに優れた普通預金で置いていても問題はないような気がします。

繰り返しになりますが、全くリスクを取りたくないというのであれば、お金を増やすのはなかなか難しいでしょう。やはり前節でお話しした国際分散投資を長期に継続することが一番良い方法だと思いますが、次善の策として考えるのであれば、「個人向け国債　変動10年」が合理的な選択だろうと思います。

あるいは、どちらか100％ということではなく、自分の資産を投資信託と個人向け国債にそれぞれ一定割合分けても良いでしょう。それこそまさに自分の取れるリスクに応じて、その割合を決めれば良いからです。

(4) 制度をうまく活用する 1

資産形成にとって最大の敵は？

資産形成の方法にはさまざまなやりかたがありますので、どれが一番良いと言い切れるものではありません。その人のリスク許容度や性格、あるいは時代に合わせてさまざまな方法を組み合わせるのが良いのですが、どんな資産形成をするにしても共通の要件があります。それは資産形成を阻む敵をなくすことです。特に投資を通じた資産形成を行う場合、その最大の敵は一体何でしょう？

それは「運用にかかるコスト」です。

投資によって得られるリターンは確実なものではありません。良い時も悪い時もあります。ところが絶対確実なものはコストです。このコストはリターンに対して確実にマイナスに作用します。したがって、できるだけコストを下げることが投資による資産形成にとって最大の課題であると言って良いのです。

ではコストとは一体何を表すのでしょう？

それは「税金と手数料」です。であるなら、どちらもなければ最高の投資手段ということになります。さすがに手数料は普通、ゼロにはなかなかなりません。もちろん株式投資においては一部、手数料が無料ということはありますが、常にどんな場合でもゼロにすることは、ほぼ不可能です。

投資信託の場合、購入手数料はゼロというものはたくさんありますが、毎年持っているだけでかかる「運用管理費用」までゼロになることはありません。なぜなら、それだと運用会社には一円も利益が入らないからです。営利企業で利益ゼロということはあり得ませんので、どこまで行っても手数料ゼロというのは投資信託においてはあり得ないと考えて良いでしょう。

ところが税金はゼロにすることが可能です。というよりも長期的に資産形成することを支援する目的で政府が税金を取らないことを決めた制度があります。この制度を使って資産形成をすれば二つの大きな敵のうちの一つを倒すことができます。それがＮＩＳＡ《ニーサ》とｉＤｅＣｏ《イデコ》なのです。しかもこの二つの制度は税金がゼロというだけではなく、商品の手数料も普通に金融機関の店舗で買うよりも安くなっているものが多いのです。では具体的にこの二つの制度がどういうものかをお話しましょう。

ＮＩＳＡ《ニーサ》とは

ＮＩＳＡというのは愛称で、正式には「少額投資非課税制度」と言われます。名前のとおり、少額で投資をした場合、そこから得られる利益には税金がかかりません。

少額というのはどれぐらいかということですが、ＮＩＳＡには現在3種類あり、それぞれ年間の投資上限額が１２０万円、80万円、40万円と決められています。ではその三つのＮＩＳＡを見ていきましょう。（＊２・３）

＊２
ＮＩＳＡの概要（金融庁のサイトより）
https://www.fsa.go.jp/policy/nisa2/about/nisa/index.html
＊３
2024年から始まる新ＮＩＳＡの概要（金融庁のサイトより）
https://www.fsa.go.jp/frtc/kikou/2019/20200203_P32-35.pdf

①通常のＮＩＳＡ

２０１４年にできた制度で、上場株式、株式投信、ＥＴＦ（上場投資信託）、ＲＥＩＴ（不動産投資信託）等を購入できます。購入上限額は年間１２０万円で、非課税が適用される期間は5年間です。

２０２３年まで制度が存続しますが、以後も少し仕組みが変わって新ＮＩＳＡとして２０２４年～２０２８年まで投資できる期間は延長されます。

ＮＩＳＡのメリット

なんと言っても最大のメリットはＮＩＳＡの制度を使って投資した場合、そこから生まれる配当や値上がり益といった利益に対して税金がかからないことです。

通常の場合は利益に対して20％の税金がかかりますので、これが無税になるというのは非常に大きいと言って良いでしょう。

また、非課税期間は5年ですが、制度が存続している間は、5年を迎えた後もそのまま継続して続けることができます。（これをロールオーバーと言います）現在のＮＩＳ

Aでは仮に5年経過して大幅に値上がりして120万円を超えていても、その全額をロールオーバーすることができます。

NISAの注意点

一方、注意点もいくつかあります。

- NISAは一人1口座しか利用できません。ただし口座開設する金融機関は毎年変更できます。
- 通常の株式取引等と違って、NISAで取引した損益は、他の取引と通算することができませんし、損失を翌年に繰り越すこともできません。
- 5年以内に売却した場合、残り期間でその枠を再び使うことはできません。
- 投資している期間に保有資産が値下がりし、その後、他のNISA以外の口座に移す場合はその時点での価格が取得価格となるので、その後値上がりして売却しても、当初の購入価格を上回っていない場合、損失が出ている状況にもかかわらず、税金がかかります。

●現在、NISA口座以外の口座で保有している金融商品をNISAに移すことはできません。

●2024年から始まる新しいNISAは制度の仕組みがそれまでとは異なります。

構造自体はそれほど複雑ではありませんが、従来からNISAを利用していた人にとってはかなり複雑になりますので注意が必要です。詳しくは金融庁のサイトをご覧になるのが良いと思います。

②ジュニアNISA

二つ目はジュニアNISAです。こちらは0歳～19歳までが利用対象となり、運用管理者として両親や祖父母が実際の口座を管理します。

こちらも通常NISAと同じ対象商品で運用収益が非課税になるという点は同じです。ただ、その上限金額は毎年80万円となります。こちらの本来の主旨は、自分のための資産形成というよりは、子供や孫のためにお金を遺す手段と考えるべきでしょう。

ジュニアNISAのメリット

●通常のNISAに加えて、こちらも同時に利用することが可能です。したがって、仮に夫婦子供二人の家庭であれば両親がそれぞれ通常のNISAで120万円×2人分、子供はジュニアNISAで80万円×2人分ですから最高は年間400万円まで利用が可能となります。

●制度が終了する2023年12月末以降、当初の非課税期間（5年間）が終わっても、一定の金額までは20歳になるまで引き続き非課税で保有できます。

ジュニアNISAの注意点

●口座開設者（子供）の年齢が18歳になるまで引き出すことができません。（18歳未満で引き出した場合は、課税されます）

●通常のNISAと違って、金融機関の変更はできません。もし変更したい場合は、一旦口座を廃止し、他の金融機関でジュニアNISA口座を再開設することになります。（口座を廃止すると過去の利益に課税されます）

●他のNISAと異なり、延長されることなく、2023年には終了します。

③つみたてＮＩＳＡ

そして最後が「つみたてＮＩＳＡ」（＊４）です。こちらは通常ＮＩＳＡと同じく20歳以上であれば誰でも利用できます。ただし、上限金額は年間40万円までと少なくなっており、対象となる商品も通常のＮＩＳＡと異なり、絞られています。逆に利用できる期間は20年と長くなりますので、長期の資産形成に向いた制度であると言えるでしょう。

制度がスタートしたのは２０１８年からで、２０３７年まで新規に投資できる期間が設けられていましたが、法改正によって２０４２年まで5年間延長されることになりました。

つみたてＮＩＳＡのメリット

●長期にわたって積立てで資産形成することを支援するという目的から、商品については、手数料が安く、分配金を支払わず複利で運用できる株式投資信託、およ

＊４
つみたてＮＩＳＡの概要(金融庁のサイトより)
https://www.fsa.go.jp/policy/nisa2/about/tsumitate/overview/index.html

びＥＴＦ（上場株式投資信託）に限定されていますので、初心者にとっては、一定の品質以上の商品を容易に選ぶことができます。２０２０年11月9日時点では、商品数は投資信託が１８４本、ＥＴＦが7本ですから、一般の投資信託が6０００本近くある中では、かなり厳選された商品に絞られています。

●期間が20年ですから毎年の積立額は少なくてもトータルでの運用可能額は８００万円となります。したがって総額では通常ＮＩＳＡよりも多くなります。

つみたてＮＩＳＡの注意点

●通常ＮＩＳＡとの併用はできません。どちらか一つを選ぶことになります。

●その年の非課税投資枠の未使用分があっても、翌年以降に繰り越すことはできません。

●通常ＮＩＳＡと同様、現在持っている投資信託をＮＩＳＡ口座へ移すことはできませんし、ＮＩＳＡ口座以外の商品との損益の通算もできません。

ＮＩＳＡをどう活用するか？

このようにＮＩＳＡには3種類あるということはおわかりいただいたと思いますが、では具体的にこれらをどう活用していけば良いのでしょうか？

この三つのうち、ジュニアＮＩＳＡは前述したように、自分のための資産形成というよりも子供や孫のためのものですし、もうすぐ制度自体がなくなりますので、ここでは議論の対象から外します。

では、「通常のＮＩＳＡ」と「つみたてＮＩＳＡ」のどちらを活用すべきか、ということを考えてみましょう。なぜならこの二つは両方行うことはできず、どちらか一つを選ばなければならないからです。

これは年齢や運用に対する考えかたにもよりますが、長期の資産形成を考えるのであればやはり「つみたてＮＩＳＡ」を優先したほうが良さそうです。この理由は、

①制度がとてもシンプルであること
②商品のクオリティが一定以上であること（他に比べて手数料が安く、むやみに分配金も

出さない）

にあります。若い人はもちろんのことですが、老後の期間は長くなりつつありますので、50代ぐらいから始めるのでも決して遅くはありません。

もちろん資産運用で株式投資をしたい人は通常のＮＩＳＡを利用すれば良いでしょうし、今後、期間が再び延長されるかどうかはわかりませんが、今回の改正で5年間延長になったことを考えれば、通常のＮＩＳＡもおおいに利用すべきでしょう。

ただし、もし通常のＮＩＳＡで投資信託を選ぶ場合には、手数料が高過ぎるものを選んでしまわないよう注意することが必要です。つみたてＮＩＳＡの場合であれば、あまりそういう心配もないと思います。

いずれにしても個人の資産運用において株式や投資信託に投資しようと考えている人であれば、まずはいずれかのＮＩＳＡを最優先で使うのが良いと思います。

⑤ 制度をうまく活用する 2

iDeCo《イデコ》とは？

さて、運用において大敵となる税金と手数料を考える上で、税金がゼロであるという大きなメリットのある制度としてＮＩＳＡを紹介しましたが、もう一つの有利な制度がｉＤｅＣｏです。

このｉＤｅＣｏというのもやはり愛称で、正式な名前は「個人型確定拠出年金」と言います。名前に「年金」と付いてはいますが、これは公的年金とは全く関係ありません。企業年金同様、あくまでも私的年金の一つとしてある制度がこのｉＤｅＣｏなのです。また、ＮＩＳＡと同様、ｉＤｅＣｏという名前の金融商品があるわけではありません。ＮＩＳＡもｉＤｅＣｏも主に投資信託を積み立てて運用する、それに対して税の優遇策があるという制度の名称です。

ただし、この制度の目的はＮＩＳＡと異なり、老後の生活を賄うため、ということに限定されています。したがって、税の優遇もどちらかと言えばＮＩＳＡよりも大きくなっています。

ＮＩＳＡとは違って、60歳までは現金化することができませんが、利用できる期間が5年とか20年と限定されているわけではありません。

そんなｉＤｅＣｏの具体的なメリットと利用方法についてお話しましょう。

ｉＤｅＣｏが持っている三つの大きなメリット

ｉＤｅＣｏのメリットを大きく分けると三つあります。

①税制優遇

iDeCoの場合、①掛金を積み立てるためにお金を出す時、②運用している時、そして③お金を受取る時、のそれぞれの段階で税優遇があります。

特に大きいのが①の掛金を積み立てる時に出したお金が「所得控除」の対象になることです。サラリーマンのみなさんは所得控除と言われてもピンと来ないかもしれませんが、この効果は非常に大きいのです。

税金というのは収入に対してかかると思っている人もいるでしょうが、そうではなく「所得」に対してかかるのです。所得とは、収入から必要経費を引いたものです。サラリーマンの場合は必要経費というのはありませんが、その代わり「給与所得控除」というものが差し引かれた金額が「所得」となります。そこからさまざまな所得控除が引かれます。

例えば、誰にでも適用される「基礎控除」、さらに「配偶者控除」や「医療費控除」といった項目です。iDeCoの場合は、掛金の全額が所得控除の対象となります。

具体的に金額で考えてみましょう。仮に毎月2万円ずつiDeCoで積立てを行った場合、年収が500万円ぐらいだと、所得税と住民税で戻ってくる金額は毎年

4万8千円となります（＊5）年間の積立額が24万円ですから、その2割、4万8千円が還付されるというのは非常に大きいと思います。

NISAと違って、iDeCoの場合に積立額が全額所得控除されるのは、iDeCoがあくまでも老後の生活のための私的な「年金」という性質を持っているからです。

次に運用している段階ではいくら利益が出たとしても、その運用益に税金は一切かかりません。これはNISAも同じことですね。

ただ、正確に言うと、これは全くの非課税というよりもむしろ「課税の繰り延べ」と表現したほうが良いかもしれません。なぜなら給付、すなわち年金を受取る時には課税されるからです。ただ、その場合でも税優遇のしくみはあります。

例えば、それまでに積み立てて運用してきたiDeCoを一括でまとめて受取る場合、「退職所得控除」が適用されます。「退職所得控除」というのは、長年、会社で勤めた人が退職し、退職金を受取る場合に適用されるものです。

＊5
この数字はあくまでもイメージをつかんでいただくための概算であり、実際の金額とは異なります。

【前提条件】
1. 給与所得者を想定し、積立の前後で課税所得テーブルが変わらないものとしています。
2. 所得税率は令和2年現在の税率を用いておりますが、復興特別所得税は加味していません。
3. 住民税率は一律10%としています。

退職金というのは長年働いてきたことに対する対価であるから、税金も優遇しようという考えかたです。仮に30年間勤務した場合、1500万円が控除額となりますので、その金額以内であれば税金はかかりません（＊6）

iDeCoの場合は、積み立てた期間が勤続期間と読み換えられますので30歳から60歳まで30年間積立を続けた場合、先ほどと同様に一括で受取ればその金額が1500万円までは非課税となります。

また、iDeCoで積立運用してきた資産を一括ではなく、年金方式で受取る場合は、雑所得の扱いとなります。その場合、「公的年金等控除」が適用されますので、例えば、公的年金と合わせて受取る金額が一定金額を超えなければ税金はかかりませんし、超えても事業所得や給与所得ほどの税金にはなりません。

具体的には、合計所得金額が1000万円以下の場合、65歳未満の場合は年間60万円、65歳以上の場合は年間110万円までは無税となります。

＊6　退職所得控除の計算

勤続年数（＝A）	退職所得控除額
20年以下	40万円×A （80万円に満たない場合には、80万円）
20年超	800万円＋70万円×（A－20年）

②運用コストが低い

ＮＩＳＡと違ってｉＤｅＣｏは投資商品だけが対象ではありませんから、定期預金のような価格変動リスクのない商品で運用することもできます。もちろん今のような低金利では預金の利息はほとんどゼロに近いですが、前述の所得控除で税金が戻ることを考えれば、それだけでも普通に預金したり投資したりするよりも、かなり有利になります。したがって、投資はやったことがないし、よくわからない、あるいは価格の変動が不安という人であれば、無理に投資信託で積み立てる必要はなく、預金でもかまわないと思います。

ただ、せっかく運用益に税金がかからないのであれば、できるだけ高いリターンが期待できるものを長期に運用することを考えるべきでしょう。

その場合でもｉＤｅＣｏで積立できる投資信託は非常に手数料の安いものが多いのです。普通に証券会社や銀行の窓口で投資信託を購入すると購入手数料がかかるものも多いですが、ｉＤｅＣｏの場合にはこの購入手数料はありません。さらに保有している残高に対して毎年かかる運用管理費用（信託報酬と言われているものです）も、相対的に安いものが多いのです。

長期に資産運用をする場合、この運用管理費用＝手数料の差はジワジワと効いてきます。運用が初めての人は選ぶのが難しいと思われるかもしれませんが、メジャーな金融機関が提供しているiDeCoのプランであれば、それほど手数料の高いものはありませんので、安心しても良いでしょう。

③中途引出し・換金ができない

「あれ? 中途で引出しができないのはメリットではなくデメリットではないの?」と思う人がいるかもしれませんが、これは明らかに大きなメリットです。なぜなら、iDeCoの目的は「老後資金を作るため」ということに限定されているからです。使い途《みち》が自由にできる貯蓄や投資であれば換金できないのはデメリットと言えるでしょうが、60歳以降の生活資金として位置づけられているiDeCoの場合は、むしろどんな理由であれ、引出しができないというルールにしておいたほうが良いのです。そうすることによって老後の資金を温存することができるからです。

ただ、自営業の方などの場合、手形が落ちないと倒産してしまうというような場合に引き出せないのは困る、ということも起こり得るでしょう。

ですから、iDeCoを始める時には自分の立場とか経済的な状況を踏まえて、無理のない金額でやることが大切です。iDeCoで最も留意しておくべき点はやはり、この〝無理な金額で積立をしない〟ということでしょう。

さらに言えば、iDeCoは5千円以上千円単位で積立金額を調整することができますから、経済的な状況によっては、積立額を減らしたり、積立自体を休止しても良いと思います。

老後の生活を賄う最も基本となるのは公的年金ですが、自営業やフリーランス、そして非正規で働いて厚生年金に加入できない人であれば、できるだけ早いうちからこのiDeCoを使って老後資産作りを始めるべきです。

サラリーマンであっても退職金や企業年金のない会社に勤める人はたくさんいますので、そういう人にとって、このiDeCoはぜひとも活用してほしいと思います。

おわりに

最後まで読んでいただいてありがとうございます。本書を読み終えてどんな感想をお持ちになりましたか？　恐らく多くの人は、「今までお金に関して常識だと思っていたことがちょっと違うように書かれていて驚いた」と感じたのではないでしょうか。でも、もしそう感じていただけたとしたら、私の意図は大成功です。

お金に関して「あれをやるべきだ」とか「これはやってはいけない」と言われているノウハウっぽいものはたくさんありますが、中には矛盾したこともたくさんありますので、一体どれが正しいのかわからないという人も多いと思います。

でも、私自身が長年お金の世界に携わってきた経験から言うと、これだけは気を付けたほうが良いということはたった二つだけです。それは「**思い込みをしないこと**」と「**人の言うことを簡単に信用しないこと**」です。

別な言いかたをすれば「頭を柔らかくすること」と「自分の頭で考える」ということなのです。ですからいつまでも一つの考えかたに凝り固まっているのは禁物です。

お金に関しては時代や環境とともに何が正しいのかはどんどん変わっていきます。本書ではそんな変化についていけるよう、そして自分の頭で考えていただけるよう、そのヒントになる考えかた、そして時代が変わっても恐らく変わることはないだろうと私が考えることを中心にお話ししましたが、それも必ずしもそのとおりだと思っていただく必要はありません。

私は自分が講師でお話する投資セミナーにおいて、いつも参加者のみなさんに言うことがあります。それは「お金に関しては人の言うことを信じてはいけない」ということ、「だから私の言ったことも信じちゃだめですよ」と言います。多くの方は笑いますが、実は私は大真面目に言っているのです。

「はじめに」で述べたように、お金には「思想」、「戦略」、そして「戦術」があり、「戦略」と「戦術」は人によって全く状況が異なるので、一般論ではあまり役に立ちません。だからこれは自分で考えるしかないのです。「思想」は比較的普遍的なものに思えますが、これとて絶対ではありません。本書で私が語ったことは、70年近く生きてきた私の人生の中で自分自身が考え、体験し、成功したり失敗したりしたことを元に書いているわけですから、誰にとっても正しいかどうかはわからないからです。

人生の目的はお金持ちになることではありません。幸せになることです。そのための手段としてお金はとても大切なものですが、お金自体を目的にしてしまうとどれだけお金を持ったとしても、「お金に困る」ことはなくても「お金で困る」ことは起こり得るでしょう。

私の友人でサラリーマンを早期リタイアした人がいます。彼は今数億円の金融資産を持っていますが、別に親から相続したわけでもなく、会社で出世して社長になったわけでもありません。自分でコツコツと貯蓄と投資を続けていくことで資産を築き上げたのです。

今、彼は自分が実践してきたことを多くの人に伝えるべく、ほぼボランティアで資産形成や資産運用に関する情報を発信するということをしていますが、彼が一度、私にこんなことを言ったことがあります。「資産作りをする時に決してやってはいけないのは金額を目標にすることなんです。例えば1千万円を目標にお金を貯めて、実現したらどうするか？ 今度は2千万円が目標になり、やがて5千万円、1億円とキリがないんですね。つまり際限なくお金が欲しくなる。でもそうじゃないんですよね。人生の目的はお金そのものじゃなくて楽しむことにあるんです。自分のやりたいことは何か？　そのために必要なお金をこしらえるようにすれば良いんです。それをせずにお金だけを目標にするとキリのない地獄に陥ってしまいますよ」。

彼は、恐らく今後の人生において「お金で困る」ことはないでしょう。もちろんそれなりの資産を持っているからだと言われるかもしれませんが、彼自身が間違いなく「お金の本質」をしっかり見極めていますから「お金に困ること」だけでなく、「お金で困ること」もないだろうと思います。やはり「たかが金だ」という感覚を持つことはとても大事なことだと思います。

最後に本書を書き上げるにあたり、企画の段階からさまざまなアドバイスをいただいた総合出版すばる舎の吉田真志さんにこの場を借りて御礼を申し上げます。

また執筆を続ける中で、的確なアドバイスをくれた妻の加代、そして私に元気を与えてくれた二人の孫、村越悠吾、紗英にも感謝したいと思います。

2021年2月吉日

大江　英樹

【著者紹介】
大江 英樹（おおえ・ひでき）

経済コラムニスト、オフィス・リベルタス代表
大手証券会社で25年間にわたって個人の資産運用業務に従事。確定拠出年金法が施行される前から確定拠出年金ビジネスに携わってきた業界の草分け的存在。日本での導入第1号である、すかいらーくをはじめ、トヨタ自動車などの導入にあたってのコンサルティングを担当。2003年からは大手証券グループの確定拠出年金部長、2015年からは企業年金連合会の「確定拠出年金継続教育実践ハンドブック検討会」の座長を務める。2012年9月にオフィス・リベルタスを設立。独立後は「サラリーマンが退職後、幸せな生活を送れるよう支援する」という信念のもと、経済やおカネの知識を伝える活動を行う。CFP（日本FP協会認定）、1級ファイナンシャルプラニング技能士。
主な著書に『投資賢者の心理学』（日本経済新聞出版）『知らないと損する 経済とおかねの超基本1年生』（東洋経済新報社）『定年前、しなくていい5つのこと』（光文社新書）などがある。

■BookDesign ：山田知子（チコルズ）
■カバーイラスト：中尾 悠

いつからでも始められる
一生お金で困らない人生の過ごしかた

2021年2月28日　第1刷発行
2021年3月19日　第2刷発行

著　者――大江英樹
発行者――徳留慶太郎
発行所――株式会社すばる舎
〒170-0013 東京都豊島区東池袋3-9-7 東池袋織本ビル
TEL　03-3981-8651（代表）03-3981-0767（営業部直通）
FAX　03-3981-8638
URL　http://www.subarusya.jp/
印　刷――株式会社シナノ

ISBN978-4-7991-0944-1